Kauderwelsch
Band 187

Impressum

Dr. phil. Claudia Weber
Sanskrit – Wort für Wort
erschienen im
Reise Know-How Verlag Peter Rump GmbH
Osnabrücker Str. 79, D-33649 Bielefeld
info@reise-know-how.de

Bearbeitung & Layout Claudia Schmidt, www.lektoratsservice.de
Layout-Konzept Günter Pawlak, FaktorZwo! Bielefeld
Umschlag Peter Rump (Titelfoto: © ralucacohn.Stock.Adobe.com Umschlagrückseite: O'SHI.Stock.Adobe.com)
Kartographie Iain Macneish, Thomas Buri
Fotos © Rainer Krack
Gesamtherstellung Himmer GmbH Druckerei & Verlag, Augsburg

Printed in Germany

ISBN: 978-3-8317-6556-0

Wer im Buchhandel kein Glück hat, bekommt unsere Bücher auch direkt über unseren Internet-Shop:

www.reise-know-how.de

Die Internetseiten mit Aussprachebeispielen und der Zugriff auf diese über QR-Codes sind eine freiwillige, kostenlose Zusatzleistung des Verlages. Der Verlag behält sich vor, die Bereitstellung des Angebotes und die Möglichkeit der Nutzung zeitlich und inhaltlich zu beschränken. Der Verlag übernimmt keine Garantie für das Funktionieren der Seiten und keine Haftung für Schäden, die aus dem Gebrauch der Seiten resultieren. Es besteht ferner kein Anspruch auf eine unbefristete Bereitstellung der Seiten.

Der Verlag möchte die **Reihe Kauderwelsch** weiter ausbauen und **sucht Autoren!** Mehr Informationen finden Sie unter ***www.reise-know-how.de/verlag/mitarbeit***

Kauderwelsch

Dr. phil. Claudia Weber

Sanskrit

Wort für Wort

संस्कृत-दुन्दुभिः प्रताड्यताम् ॥

Samskrita-dundubhih pratādyatām!

Sanskrit-Trommel(w)[1] *(sie-)soll-geschlagen-werden!*

Die Trommel des Sanskrit soll geschlagen werden!

Kauderwelsch heißt:

- Schnell mit dem **Sprechen** beginnen, auch wenn nicht immer alles korrekt ist.
- Von der **Grammatik** wird nur das Wichtigste in einfachen Worten erklärt.
- Alle Beispielsätze werden doppelt ins Deutsche übertragen: erst **Wort-für-Wort,** dann in normales Deutsch. Die Wort-für-Wort-Übersetzung hilft, die neue Sprache schneller zu durchschauen, außerdem lassen sich dadurch leichter einzelne Wörter im fremdsprachigen Satz austauschen.
- Es geht um die **Alltagssprache,** also das, was man tatsächlich auf der Straße hört.
- Die **Autoren** sind entweder Reisende, die die Sprache im Land selbst gelernt haben, oder Muttersprachler.

Kauderwelsch-Sprachführer sind keine Lehrbücher, aber viel mehr als traditionelle Reisesprachführer. Wer ein wenig Zeit investiert, einige Vokabeln lernt und die Sprache im Land anwendet, wird **Türen öffnen,** ein Lächeln ins Gesicht zaubern und reichere Erfahrungen machen.

Talk to each other!

Inhalt

Inhalt

Konversation

Anhang

Vorwort

Sie denken, Sanskrit, die älteste überlieferte Sprache Nordindiens, gehöre zu einer uns völlig fremden asiatischen Kultur? Dabei ist es den europäischen Sprachen gar nicht so fremd! Wenn Sie Latein oder Griechisch gelernt haben, werden Sie beim Sanskrit-Lernen manches Aha-Erlebnis haben. Auch das Deutsche hat Berührungspunkte mit dem Sanskrit: „Name" heißt nāman, „zwei" ist dvi, svasri ist mit „Schwester" zu übersetzen, und das Verb sthā entspricht dem deutschen Wort „stehen".

Sanskrit zu lernen ist nicht alltäglich. Das Wort samskrita selbst heißt „schön gefügt". Es ist die Sprache großer Kunstdichtungen, Sprache der altindischen Wissenschaften, aber vor allem eine Sprache der Religion. Von den **Veden** (veda *„heiliges-Wissen")*, den **Upanishaden** (upanishad „Geheimlehre"), der Bhagavad-gītā *(„Erhabener-Gesang")* hat jeder schon mal gehört. Und weil Heiliges Anspruch auf Ehrfurcht und Schutz erhebt, durfte nicht jeder Sanskrit lernen oder gar sprechen. Als eine kastenlose Ministerin ihren Amtseid auf Sanskrit ablegte, wurde der Brahmane, der ihr Lehrer war, aus seiner Kaste ausgeschlossen. Nicht nur niedrige Kasten waren vom Sanskrit-Sprechen ausgeschlossen, sondern auch Frauen. Und das seit alters her. In den Sanskrit-Dramen sprechen nur die Männer reines Sanskrit, die Frauen dagegen andere, wenn auch verwandte Sprachen. Die Zahl der Frauen, die Sanskrit lernen, nimmt im Verhältnis zu den männlichen Lernern allerdings zu. Also: Sie werden bald zu einem sehr erlauchten Kreis gehören – und dabei Ihre ersten Sätze in Sanskrit ausgerechnet von einer Frau lernen.

Hinweise zur Benutzung

Der Kauderwelsch-Band *Sanskrit* ist in die Abschnitte *Grammatik, Konversation* und *Wörterliste* gegliedert.

Für das klassische Sanskrit gibt es so viele Regeln, dass sie in einem knappen Sprachführer gar nicht alle erklärt werden können. Sie werden oft nur eine Grundregel kennenlernen, ohne jede Form im Einzelnen selbst bilden zu können. Die für Sie wichtigen Formen können Sie dann wie eine Vokabel der Verb- oder der Wörterliste entnehmen.

Die **Grammatik** beschränkt sich auf das Wesentliche und ist so einfach gehalten wie möglich. Deshalb werden die nicht ganz so häufigen Regeln und die meisten Ausnahmen nicht erklärt. In der **Konversation** finden Sie Sätze aus dem Alltagsgespräch und literarischen Quellen, die Ihnen einen ersten Eindruck davon vermitteln sollen, wie klassisches Sanskrit „funktioniert". So können Sie sich vorstellen, wie man sich früher auf Sanskrit womöglich unterhalten hat und wie Sie sich noch heute in Sanskrit verständigen können, sofern Sie einen Gesprächspartner finden, der Sanskrit versteht.

Jede Sprache hat ein typisches Satzbaumuster. Um die sich vom Deutschen unterscheidende Wortfolge der Sanskrit-Sätze zu verstehen, ist die **Wort-für-Wort-Übersetzung** in kursiver Schrift gedacht. Wird *ein* Sanskrit-Wort im Deutschen durch *zwei* Wörter übersetzt, werden diese in der Wort-für-Wort-Übersetzung mit einem Bindestrich verbunden. Darüber hinaus gibt es weitere Abkürzungen (s. Liste der Abkürzungen).

Durch einen Schrägstrich werden alternative Varianten gekennzeichnet. Hochgestellte Ziffern kennzeichnen den Fall, in dem ein Wort gebeugt ist. In Klammern gesetzte Wörter sind der Deutlichkeit halber hinzugefügt.

Kim tad-mūlyam?
welches? dieses-Preis*[1]
Wie viel kostet das?

Kva ... asti / santi? [+1]
wo? ... (er-)ist / (sie-)sind
Wo ist / sind ...?

In Lückensätze kann man sinnvolle Wörter aus den Wörterlisten einsetzen. In eckigen Klammern steht der Hinweis, in welchem Fall das einzusetzende Wort gebeugt werden muss.

In einigen Sätzen werden männliche und weibliche Formen alternativ nebeneinander gesetzt. Hier kommt es darauf an, ob ein Mann oder eine Frau den Satz spricht, angesprochen wird, oder über einen Mann oder eine Frau gesprochen wird. Das hängt oft vom jeweiligen Subjekt des Satzes ab!

Aham ... kretu-kāmah / kretu-kāmā. [+4]
ich ... kaufen-Wunsch(m/w)[1]
Ich *(sagt Mann / Frau)* möchte ... kaufen.

Im nebenstehenden Beispiel verwendet ein Mann die männliche Form kretu-kāmah, *weil sich das Subjekt (*aham *„ich") auf den Sprecher bezieht. Eine Frau benutzt dementsprechend* kretu-kāmā.

Mit Hilfe der Wort-für-Wort-Übersetzung können Sie bald eigene Sätze bilden. Sie können die Beispielsätze als Fundus von Satzschablonen und -mustern benutzen, die Sie Ihren eigenen Bedürfnissen anpassen.

Die **Wörterlisten** am Ende des Buches enthalten einen Grundwortschatz, mit dem man bereits ein einfaches Gespräch führen kann.

Die **Umschlagklappe** hilft, die wichtigsten Sätze und Formulierungen stets parat zu haben. Aufgeklappt ist der Umschlag eine wesentliche Erleichterung, da nun die gewünschte Satzkonstruktion mit dem entsprechenden Vokabular aus den einzelnen Kapiteln kombiniert werden kann.

Abkürzungen

m / w / s	männlich / weiblich / sächlich
Ez / Zz / Mz	Einzahl / Zweizahl / Mehrzahl
*****	Lautwechsel zwischen zwei Wörtern
_	Bei Unterstreichung sind zwei Wörter durch einen Lautwechsel verschmolzen
ind	indeklinabel (wird nicht gebeugt)
Kaus	Kausativ (Verbform)
Abs	Absolutiv (Verbform)
U	Umstandswort (Adverb)
FP	Fragepartikel (leitet Ja-Nein-Frage ein)
1, 2, 3 ...	1., 2., 3. Fall usw.
? / !	Fragewort / Befehlsform
Verg.	Vergangenheitspartikel sma *(s. S. 43)*

Seitenzahlen

Auf jeder Seite wird die Seitenzahl auch auf Sanskrit in Lautschrift angegeben!

Über die Sprache

Etwa im 5. Jh. v. Chr. schrieb Pānini eine berühmte Grammatik. Bis heute müssen sich Schriften in klassischem Sanskrit an ihr messen lassen.

Das Sanskrit ist entstanden aus dem Vedischen, der Sprache der indoeuropäischen Einwanderer nach Nordindien im 2. Jahrtausend v. Chr. (Die Vorfahren der europäischen Völker und jener indischen Einwanderer gehörten vor Urzeiten zur selben Kultur.) Das vedische Sanskrit hat seinen Namen von den vier Veden mit religiösen Hymnen und Sprüchen, die bis heute mündlich von der indischen Priesterkaste, den Brahmanen, überliefert werden. Bis heute ist die mündliche Tradition die maßgebliche für die korrekte Ausführung eines Opfers. Aus dem Sanskrit entwickelten sich über Zwischenstufen mehrere moderne Sprachen, unter denen das Hindi die bekannteste ist.

Es gibt viele religiöse Texte, wie die Upanishaden, einige buddhistische Sūtras (sūtra „(Leit-)Faden") und

Orte, an denen man im 7. bis 10. Jahrhundert Sanskrit studierte

die Purānas (purāna „alte (Erzählung)"), außerdem zwei umfangreiche Epen, das Mahā-bhārata *„Groß-Indien"* und das Rāmāyana *„(Gott-)Rāma-Erzählung"*. Auch Fabeln und Märchen sind überliefert. Unter einigen Dramen ist eines von Kāli-dāsa *„(Göttin-)Kālī-Diener"* sehr berühmt. Es trägt den Frauennamen Shakuntalā *„Vögelchen"* im Titel. Goethe inspirierte es zu seinem „Vorspiel auf dem Theater" im Faust. Weiterhin kennt man kunstvolle Dichtungen sowie zahlreiche philosophische und wissenschaftliche Texte in Sanskrit, zu denen Abhandlungen über Medizin (āyur-veda *„langes-Leben-Wissen"*), Mathematik (ganita), die Liebe (bei uns ist das Kāma-sūtra *„Liebe-(Leit-)Faden"* bekannt) und erstaunlicherweise auch ein Werk über die Diebeskunst (caurya *„Diebstahl"*) gehören.

Bis heute sprechen einige Brahmanenfamilien auch im Alltag Sanskrit, und indische Studenten belegen Kurse in Sanskrit, sogar wenn sie z. B. eine Naturwissenschaft studieren. Wie viele Menschen heute Sanskrit verstehen oder gar sprechen, ist schwer zu sagen. Beim Zensus von 1991 gaben 49.736 Personen an, ihre Muttersprache sei Sanskrit. Das waren 0,01 % der damaligen Bevölkerung.

Zahlreiche Fachbegriffe, die in Europa aus dem Lateinischen oder dem Griechischen stammen, werden im modernen Indien durch Sanskritwörter wiedergegeben. Sie haben ihren Weg in die heutigen indischen Sprachen, vor allem ins Hindi, gefunden.

Wenn Sie Sanskrit-Vokabeln lernen, wird Ihnen bald auffallen, dass diese Sprache unendlich reich an verschiedenen Ausdrücken für die gleiche Sache ist. Der Mond heißt z. B. candra, soma und indu. Es lassen sich aber fast beliebig noch weitere Namen bilden: himāmshu *„kalt-Strahl"*, gemeint ist: „(etwas), das kalte Strahlen hat", shīta-rashmi *„kalt-Strahl"*, nishā-pati *„Nacht-Herr"*, nakshatreshu *„Stern-Herr"* und shasha-dhara *„Hasen-Träger"* – die Inder glauben nämlich, auf der Mondscheibe einen Hasen erkennen zu können. Diese Vielfalt der Ausdrücke macht den Reiz des Sanskrit aus, erschwert aber nicht nur dem Anfänger das Verstehen vieler Texte.

Geschrieben wurde Sanskrit in vielen Schriften. Sie heißen z. B. Brāhmī *„(die) Heilige"*, Kharoshthī und Deva-nāgarī *„Götter-Stadt(-Schrift)"*. Alle waren im

Grunde Buchstabenschriften. Daher lässt sich Sanskrit auch gut mit lateinischen Buchstaben wiedergeben. Die indischen Schriften haben allerdings Zeichen, die den Laut genauer angeben als die lateinische. Bei den Vokalen (Selbstlauten) wird z. B. unterschieden zwischen kurzem und langem „a“, „i“, „u“ sowie Doppelselbstlauten, zu denen die Inder neben „ai“ und „au“ auch „e“ und „o“ zählen. Ungewohnt für unsere Ohren ist ein vokalisches „r“, das es ebenfalls in kurzer und in langer Version gibt. Es klingt etwa wie „ri“. Ein vokalisches „l“ (etwa wie im deutschen Eng**el**) kommt im nachvedischen Sanskrit nur noch sehr selten vor.

Während bei den europäischen Schriften, wie der griechischen, der lateinischen oder auch der kyrillischen, die Reihenfolge historisch gewachsen ist, aber keinem sprachwissenschaftlichen System folgt, sind schon bei Pānini *(ca. 5. Jh. v. Chr.) die indischen Laute streng systematisch geordnet.*

Die Konsonanten haben im Sanskrit-„Alphabet“ folgende Reihenfolge:
① zuerst die Kehllaute („k“, „g“),
② dann die Laute, die am Gaumendach gebildet werden („c“, „j“),
③ anschließend die retroflexen bzw. „Knalllaute“ (ähnlich „t“, „d“, aber andere Zungenposition),
④ es folgen die an den Zähnen gebildeten Laute („t“, „d“)
⑤ und schließlich die mit den Lippen geformten Laute („p“, „b“).

Weitere Besonderheiten der indischen Schriften sind die Unterscheidung zwischen „k“ (wie im deutschen „**K**erze“) und behauchtem „kh“ (wie im deutschen „Sen**kh**ammer“) usw. („kh“ oder „gh“ usw. schreiben die Inder mit einem einzigen Buchstaben). Jede der fünf aufgezählten Konsonantengruppen hat auch ihren eigenen Nasal (eine bestimmte Form von „n“ bei ① bis ④, „m“ bei ⑤). Neben diesen Gruppen gibt es noch ⑥ Halbvokale („y“, „r“, „l“, „v“), ⑦ Zischlaute (zwei Formen von „sh“ und „s“) und ⑧ den Hauchlaut „h“.

Sprachen im heutigen Indien
AFGHANISTAN
CHINA
KĀSHMĪRĪ
PASHTU
PAKISTAN
BELUTSCHISCH
PANJĀBĪ
BRAHUI
SINDHĪ
Delhi
NEPAL
NEPĀLĪ
ASSAMESISCH
RĀJASTHĀNĪ
URDŪ
BHĪLĪ
HINDĪ
BIHĀRĪ
GUJARĀTĪ
BENGALI
INDIEN
MYANMAR (BIRMA)
GONDI
ORIYĀ
MARĀTHĪ
TELUGU
KANNADA
Golf von Bengalen
MALAYALAM
TAMIL
TAMIL
SRI LANKA
SINGHALESISCH
Indischer Ozean
Iranische Sprachen
Dravidische Sprachen
Indoarische Sprachen
(aus dem Sanskrit entstanden)

Aussprache & Lautschrift

Die Sanskrit-Zeichen werden durch eine Lautschrift mit lateinischen Buchstaben wiedergegeben, die der deutschen Aussprache so nah wie möglich kommt. Nicht immer kann jedoch vom lateinischen Buchstaben eindeutig auf das Sanskrit-Zeichen rückgeschlossen werden.

Die indischen Schriften unterscheiden nicht zwischen großen und kleinen Buchstaben. Nach Konsonanten stehen anders aussehende Vokalzeichen. Die normalen Konsonantenzeichen (s. u.) enthalten automatisch ein kurzes „a", das aber durch die anderen Vokale (mit eigenem Zeichen) ersetzt werden kann.

Vokale (Selbstlaute)

अ	a (kurz) wie in „St**a**dt"	**agni** *(Feuer)*
आ	ā (lang) wie in „Fr**a**ge"	**kāma** *(Liebe)*
इ	i (kurz) wie in „L**i**st"	**Vishnu** *(ein Name)*
ई	ī (lang) wie in „L**ie**be"	**patnī** *(Ehefrau)*
उ	u (kurz) wie in „M**u**tter"	**putra** *(Sohn)*
ऊ	ū (lang) wie in „M**u**t"	**pūjā** *(Andacht)*
ऋ	ri (kurz) vokalisches „r"	**Krishna** *(ein Name)*
ॠ	rī (lang)	**pitrīn** *(Ahnen(Mz)[4])*
ए	e (lang) wie in „B**ee**t"	**deva** *(Gott)*
ऐ	ai wie in „L**ei**b"	**maitrī** *(Liebe)*
ओ	o (lang) wie in „B**oo**t"	**go** *(Kuh)*
औ	au wie in „Fr**au**"	**aushadha** *(Medizin)*

Konsonanten (Mitlaute)

Kehllaute ①	क	ka wie in „**K**erze"	**karman** *(Tat)*
	ख	kha wie in „Sen**kh**ammer"	**mukha** *(Mund)*
	ग	ga wie in „Fra**g**e"	**griha** *(Haus)*
	घ	gha wie in „Klan**gh**olz"	**sangha** *(Gemeinde)*
	ङ	na wie in „E**ng**el"	**anga** *(Bestandteil)*
Gaumendach-Laute ②	च	ca wie in „**C**ello"	**cakra** *(Wirbel, Kreis)*
	छ	cha wie in „Ma**tschh**aufen"	**gacchati** *((er-)geht)*
	ज	ja wie in „**J**ournal"	**jina** *(Sieger)*
	झ	jha	**jhatiti** *(sofort)*
	ञ	na wie in „pa**n**tschen"	**panca** *(fünf)*

Knalllaute sind im Deutschen nicht vorhanden. Sie werden mit zurückgebogener Zungenspitze am Gaumendach gebildet. In der Umschrift werden sie wie die dentalen Laute d, t und n geschrieben:

ट	ta	**shashti** *(sechzig)*	③ **Knalllaute**
ठ	tha	**tishthati** *(er steht)*	
ड	da	**pandita** *(Gelehrter)*	
ढ	dha	**mūdha** *(Idiot)*	
ण	na	**danda** *(Stock, Strafe)*	

Bei den Dentalen legen die Inder die Zunge deutlicher an die Zähne als wir. Wir legen sie bei „unseren" Dentalen weiter von den Zähnen entfernt ans Gaumendach, etwa in der Mitte zwischen Knalllauten und Dentalen im Sanskrit. Beachte: Das „n" in „Engel" z. B. klingt anders („kehlig") als das in „Hand" (dental). Inder schreiben diese n-Laute daher unterschiedlich.

„Sanskrit" (samskrita) *sieht in* Devanāgarī-*Buchstaben so aus:* संस्कृत

त	ta wie in „ra**t**en"	**tapas** *(Askese)*	④ **Dentale**
थ	tha wie in „Ra**th**aus"	**yathā** *(wie)*	
द	da wie in „Freu**d**e"	**dāna** *(Gabe)*	
ध	dha wie in „Han**dh**abe"	**Buddha** *(Erleuchteter)*	
न	na wie in „Ha**n**d"	**kānta** *(geliebt)*	
प	pa wie in „**P**arty"	**padma** *(Lotos)*	⑤ **Lippenlaute**
फ	pha wie in „Ra**pph**engst"	**phala** *(Frucht)*	
ब	ba wie in „Ra**b**e"	**bāla** *(Kind)*	
भ	bha wie in „lie**bh**aben"	**bhū** *(sein)*	
म	ma wie in „**M**ut"	**mukti** *(Erlösung)*	
य	ya wie in „**Y**o-**Y**o"	**yoga** *(Konzentration, Konzentrationsübung)*	⑥ **Halbvokale**
र	ra wie in „B**r**aten"	**ratna** *(Kostbarkeit)*	
ल	la wie in „K**l**ang"	**linga** *(Merkmal)*	
व	va wie in „**V**ase"	**veda** *(Wissen)*	
श	sha wie in „La**sch**e"	**shūdra** *(4. Kaste)*	⑦ **Zischlaute**
ष	sha wie in „**Sh**orts"	**kshatriya** *(Krieger)*	
स	sa (wie in „Stra**ß**e")	**sādhu** *(Bravo!)*	
ह	ha (wie in „Sa**ch**e")	**brāhmana** *(Brahmane)*	⑧ **Hauchlaut**

Lautwechsel

Im Sanskrit kann sich der Vokal (Selbstlaut) eines Wortes in einigen Fällen ändern. Mit diesen Lautwechseln muss man einfach rechnen. Bei vielen Wörtern kann sich der Vokal im Wortinneren ändern. So leitet sich z. B. bauddha (*buddhistisch* oder *Buddhist*) von buddha *(der Buddha)* ab. Von jina *(der Jina)* kommt jaina (*jainistisch* oder *Jaina* – die Jainas sind eine kleine indische Religionsgemeinschaft).

Vor allem die möglichen Änderungen der Vokale a, ā, i, ī, e, u, ū, o sollte man kennen:

a	kann zu	**ā**	werden
ā	bleibt		
i, ī	kann zu	**e** oder **ai**	werden
e	kann zu	**ai**	werden
u, ū	kann zu	**o** oder **au**	werden
o	kann zu	**au**	werden

Auf einen Lautwechsel zwischen zwei Wörtern wird in der Wort-für-Wort-Übersetzung durch ein Sternchen (*) hingewiesen.

Auch zwischen zwei Wörtern im Satz kann eine Interaktion in Gang kommen, und zwar indem der letzte Vokal eines vorangehenden Wortes durch den ersten Vokal des folgenden Wortes verändert werden kann. Ein auf -ah endendes Wort (etwa buddha als Subjekt = buddhah) trifft z. B. auf ein mit a- beginnendes Wort (etwa api *auch*): buddhah api bleibt nicht stehen. Es wird zu buddho 'pi *(auch der Buddha)*.

Adya *(heute)* und eva *(genau)* werden im Satz zu: adyaiva *(genau heute)*. Dies sieht so aus, als wäre es ein Wort. Der besseren Erkennbarkeit wegen wird in einem solchen Fall in der Lautschrift die Lautverschmelzung unterstrichen: adyaiva.

Die einfachsten Regeln sind:

a oder **ā**	+	**a** oder **ā**	wird zu **ā**
i oder **ī**	+	**i** oder **ī**	wird zu **ī**
u oder **ū**	+	**u** oder **ū**	wird zu **ū**

Ein Nicht-i-Vokal ist jeder andere Vokal außer kurzem oder langem i. Entsprechendes gilt für den Nicht-u-Vokal. Der auf das kurze oder lange i bzw. auf das kurze oder lange u folgende Vokal bleibt erhalten.

So wird zum Beispiel devī *(die Göttin)* + iva *(wie)* zu devīva, in der Lautschrift wird die Lautverschmelzung unterstrichen: devīva *(wie die Göttin).*

Weitere Regeln sind:

a oder **ā**	+	**i** oder **ī**	wird zu **e**
a oder **ā**	+	**u** oder **ū**	wird zu **o**
i oder **ī**	+	Nicht-i-Vokal	wird zu **y** + Vokal
u oder **ū**	+	Nicht-u-Vokal	wird zu **v** + Vokal

So wird zum Beispiel devī *(die Göttin)* + api *(auch)* zu devy api *(auch die Göttin).*

Beim Lautwechsel zwischen zwei Wörtern können auch Konsonanten (Mitlaute) beteiligt sein. Es verändern sich zwar nur auslautende Konsonanten, aber anlautende Konsonanten können trotzdem Einfluss auf den Auslaut des vorangehenden Wortes haben.

Eine sehr wichtige Regel (s. o.):

-ah + **a-** wird zu **-o ’-**

So wird zum Beispiel buddhah + api zu buddho 'pi *(auch der Buddha).*

Sie müssen nicht alle Regeln kennen. Auch Muttersprachler verzichten beim Sprechen oft auf ihre Anwendung. Bei den Sätzen im Konversationsteil werden z. T. weitere Regeln angewendet.

Wörter, die weiterhelfen

Mit folgenden Floskeln können Sie Wünsche äußern und wichtige Fragen stellen. Weitere nützliche Redewendungen stehen in der Umschlagklappe.

In die Lückensätze können Sie passende Wörter aus den Vokabellisten einsetzen. Die Zahl in eckigen Klammern gibt an, in welchem Fall das einzusetzende Wort gebeugt werden muss.

Api ... īdānīm upalabhyate / upalabhyante? [+1]
FP ... jetzt (er-)wird-erlangt / (sie-)werden-erlangt
Ist / Sind im Augenblick ... erhältlich?

Evam.
so
Ja.

Na.
nicht
Nein.

Kripayā ... dehi! [+4]
(mit-)Mitleid(w)[5] ... gib!
Gib bitte ... !

Aham ... kretu-kāmah / kretu-kāmā. [+4]
ich ... kaufen-Wunsch(m/w)[1]
Ich *(sagt Mann / Frau)* möchte ... kaufen.

Kim tad-mūlyam? **(Tad-mūlyam) rūpyakānām ...** [+1]
welches? dieses-Preis[1] (dieses*-Preis[1]) Rupien(s)[2] ...*
Wie viel kostet das? (Das kostet) ... Rupien.

Die wichtigsten Richtungs- und Zeitangaben sowie Fragewörter finden Sie in der inneren Umschlagklappe.

Catvāri rūpyakāni.
vier(s)[1] Rupien(s)[1]
(Das kostet) vier Rupien.

Kva ... asti / santi? [+1]
wo? ... (er-)ist / (sie-)sind
Wo ist / sind ... ?

Idānīm kā velā?
jetzt welche(w)?[1] Uhrzeit[1]
Wie spät ist es jetzt?

Idānīm tri-vādana-velā.
jetzt drei-Stunde-Uhrzeit[1]
Es ist jetzt drei Uhr.

Kadā ... tvarita-yānam / loha-patho / vimāno gacchati? [+4]
wann? ... Express-Bus[1] / Eisenbahn[1] / Flugzeug*[1] geht*
Wann fährt / fliegt der Express-Bus / der Zug / das Flugzeug nach ... ?

Hauptwörter

Im Sanskrit steht vor dem Hauptwort (Substantiv) normalerweise kein Artikel. So kann z. B. buddhah je nach Zusammenhang „ein Buddha", „der Buddha" oder einfach nur „Buddha" heißen.

grammatisches Geschlecht

Wie im Deutschen gibt es drei grammatische Geschlechter: männlich, weiblich und sächlich. Die Beugung der männlichen und der sächlichen Hauptwörter ähnelt sich sehr. Anhand der Endung lässt sich das grammatische Geschlecht nicht eindeutig erkennen, deshalb wird das grammatische Geschlecht in Klammern hinter jedem Wort in der Wörterliste angegeben:

Das grammatische Geschlecht im Sanskrit entspricht nicht zwangsläufig dem deutschen.

nara (m)	**pūjā** (w)	**nāman** (s)
Mann	Andacht	Name

Mehrzahl & Zweizahl

Neben Einzahl und Mehrzahl gibt es von den Sanskrit-Hauptwörtern auch die Zweizahl (Dual). Da wir z. B. zwei Ohren haben, sagt man, wenn man die Ohren eines Menschen meint, karnau *(zwei Ohren)*. Dies ist die Zweizahl von karna *(Ohr)*. Spricht man von den Ohren mehrerer Menschen, wird die Mehrzahl karnāh *(Ohren)* verwendet.

In der Wort-für-Wort-Übersetzung wird die Zweizahl durch das Kürzel „Zz", die Mehrzahl durch „Mz" gekennzeichnet.

Um Mehr- und Zweizahl bilden zu können, muss man wissen, wie die Stammform (Achtung: nicht identisch mit dem 1. Fall!) endet und welches grammatische Geschlecht das Wort hat. Dann kann man die entsprechenden Formen aus den Beugungstabellen ablesen.

zusammengesetzte Hauptwörter

Achtung: Wenn Hauptwörter, die auf einem Vokal enden, als Vorderglieder eines zusammengesetzten Hauptwortes gewählt werden, stehen sie nicht im 1. Fall, sondern in der Stammform (hier: karna, *nicht:* karnah*).*

Wie im Deutschen können sehr lange zusammengesetzte Hauptwörter gebildet werden. In geschriebenen Texten geht so ein Ausdruck schon mal über mehrere Zeilen. Die Sanskrit-Grammatiker unterscheiden mehrere Typen. Im ersten Beispiel wird der Ausdruck bei der Übersetzung mit „und" aufgelöst.

griha-mārgāh
Haus-Straßen[1]
die Häuser und Straßen

karna-sukha
Ohr-Glück
Glück für die Ohren
(= angenehm zu hören)

Im zweiten Beispiel ist das vordere Glied vom hinteren abhängig und kann mit vielen verschiedenen Fällen wiedergegeben werden. Häufig ist es der 2. Fall: rāja-putra heißt „Sohn eines / des Königs" (= *Königssohn*). Oft wird auch ein Ausdruck aus einem Hauptwort und aus einem Eigenschaftswort gebildet: in pitri-priya ist pitri *(Vater)* ein Hauptwort und priya *(lieb)* ein Eigenschaftswort, zusammen heißt es „dem Vater lieb". Etwas schwieriger zu erkennen ist eine dritte Art von Bildung:

padma-netrā kanyā
Lotos-Auge(w) Mädchen
ein Mädchen mit Lotosaugen

Wir kennen solche Wortbildungen ebenfalls: z. B. „Dickschädel"

Die Wörter padma-netra (mit kurzem -a) heißen für sich genommen „Lotos-Auge"; denn netra ist eigentlich ein sächliches Hauptwort auf -a. Hier endet es wie das weibliche Hauptwort kanyā *(Mädchen)* auf -ā. Daran erkennt man, dass der ganze Ausdruck padma-netrā das Wort kanyā näher bestimmt. Behelfsmäßig kann man derartige Bildungen mit „habend" übersetzen: *(ein) Lotosauge(n) habendes Mädchen.*

Es gibt noch eine Reihe weiterer Möglichkeiten der Zusammensetzung, die für uns jedoch nicht wichtig sind.

bedeutungstragende Vor- & Nachsilben

Wie im Deutschen können Hauptwörter bestimmte Vorsilben erhalten, die ihm einen bestimmten Sinn geben. Manchmal stehen diese Vorsilben auch vor Eigenschaftswörtern (Adjektiven).

a-	nicht, un- (vor Konsonanten)
an-	nicht, un- (vor Vokalen)
su-	gut, wohl, sehr
sa-	mit

An ein Hauptwort anhängen kann man z. B.:

-tva	-heit, -keit, -sein
-tah	(übersetzt wie 6. Fall)
-tra	(übersetzt wie 7. Fall)
-vat	wie
-ādi (m)	Anfang

Wie die Fälle im Sanskrit zu übersetzen sind, wird in den nächsten beiden Kapiteln erläutert.

Fügt man ādi *(Anfang)* an ein Hauptwort an, bedeutet dies „usw." (Beugung wird in diesem Sprachführer nicht behandelt!).

Hier einige Beispiele für Hauptwörter mit bedeutungstragenden Vor- und Nachsilben:

a-satya (s)	Unwahrheit
s<u>ā</u>rdha	mit einer / der Hälfte (gebraucht wie ein Eigenschaftswort, s. u.)
su-varna (s)	„Schönfarbe" = Gold
bāla-tva (s)	Kindheit
griha-tah	aus einem / dem Haus
pitri-vat	wie der Vater (wird nicht gebeugt)
ravi-vār<u>ā</u>dayah (m Mz)	Sonntag, Montag, Dienstag usw. („die Tage, die den Sonntag am Anfang haben")

Von Fall zu Fall – die Beugung

Es gibt im Sanskrit acht Fälle: Neben dem 1. bis 4. Fall (wie im Deutschen) gibt es noch den „Instrument“-Fall (5.), den „Woher“-Fall (6.), den „Wo“-Fall (7.) und den Anredefall (8.). Die Sanskrit-Grammatiker verwenden übrigens eine andere Reihenfolge!

Die Stammform (z. B. buddha) lautet im Sanskrit nicht so wie der 1. Fall (hier: buddhah) Die Stammform ist nicht mit dem „Nominativ“ zu verwechseln. Bei männlichen Wörtern auf -a lautet sie z. B. wie der 8. Fall, bei weiblichen Wörtern auf -ā dagegen wie der 1. Fall. Bei männlichen Wörtern auf -i, deren Beugung hier nicht behandelt wird, gibt es gar keinen Fall, der so lautet wie die Stammform. Daher ist in der Wort-für-Wort-Übersetzung auch der 1. Fall immer durch eine Ziffer gekennzeichnet. Ein Wort in der Stammform steht ohne Ziffer.

In der Wort-für-Wort-Übersetzung sind gebeugte Wörter mit der jeweiligen Fallnummer (als hochgestellte Ziffer) gekennzeichnet. Hat ein Haupt- oder Eigenschaftswort keine Fallnummer, steht es in der Stammform, die meistens nicht mit dem 1. Fall identisch ist.

1. Fall	**buddhah**	der / ein Buddha
2. Fall	**buddhasya**	des / eines Buddha
3. Fall	**buddhāya**	dem / einem Buddha
4. Fall	**buddham**	den / einen Buddha
5. Fall	**buddhena**	durch den / einen Buddha
6. Fall	**buddhāt**	von dem / einem Buddha (her)
7. Fall	**buddhe**	in / bei dem / einem Buddha
8. Fall	**buddha**	(o) Buddha

Beugung der Hauptwörter

Es gibt eine Vielzahl von verschiedenen Beugungsmustern, von denen hier aber nur die wichtigsten vorgestellt werden sollen. Anhand der Endung eines Wortes und der Angabe des grammatischen Geschlechts können Sie dann erkennen, nach welchem Schema das Wort gebeugt wird.

Hauptwörter auf -a

Die folgenden Listen können wir Ihnen leider nicht ersparen. Lernen Sie sie jedoch nicht auswendig, sondern verwenden Sie sie nur zum Nachschlagen! Die in den Tabellenüberschriften genannten Endungen beziehen sich auf die Stammform. In dieser Stammform werden die Hauptwörter in den Wörterlisten aufgeführt.

	nara (m) *(Mann)*		
	Einzahl	**Zweizahl**	**Mehrzahl**
1	narah *Mann*	narau *(zwei-)Männer*	narāh *Männer*
2	narasya	narayoh	narānām
3	narāya	narābhyām	narebhyah
4	naram	narau	narān
5	narena	narābhyām	naraih
6	narāt	narābhyām	narebhyah
7	nare	narayoh	nareshu
8	nara	narau	narāh

	dina (s) *(Tag)*		
	Einzahl	**Zweizahl**	**Mehrzahl**
1	dinam *Tag*	dine *(zwei-)Tage*	dināni *Tage*
2	dinasya	dinayoh	dinānām
3	dināya	dinābhyām	dinebhyah
4	dinam	dine	dināni
5	dinena	dinābhyām	dinaih
6	dināt	dinābhyām	dinebhyah
7	dine	dinayoh	dineshu
8	dina	dine	dināni

Hauptwörter auf -ā

	pūjā (w) *(Andacht)*		
	Einzahl	**Zweizahl**	**Mehrzahl**
1	pūjā *Andacht*	pūje *(zwei-)Andachten*	pūjāh *Andachten*
2	pūjāyāh	pūjayoh	pūjānām
3	pūjāyai	pūjābhyām	pūjābhyah
4	pūjām	pūje	pūjāh
5	pūjayā	pūjābhyam	pūjābhih
6	pūjāyāh	pūjābhyām	pūjābhyah
7	pūjāyām	pūjayoh	pūjāsu
8	pūje	pūje	pūjāh

Von Fall zu Fall – die Beugung

Mehrsilbige Hauptwörter auf -ī

Mehrsilbige männl., weibl. und sächl. Hauptwörter auf -i / -u, *einsilbige weibl. auf* -ī *und einsilbige / mehrsilbige weibl. auf* -ū, *männl. und weibl. auf vokalisches „r" endende* (-ri) *sowie diejenigen auf* -ai, -o *und* -au *werden hier nicht gezeigt.*

	devī (w) *(Göttin)*		
	Einzahl	**Zweizahl**	**Mehrzahl**
1	devī *Göttin*	devyau *(zwei-)Göttinnen*	devyah *Göttinnen*
2	devyāh	devyoh	devīnām
3	devyai	devībhyām	devībhyah
4	devīm	devyau	devīh
5	devyā	devībhyām	devībhih
6	devyāh	devībhyām	devībhyah
7	devyām	devyoh	devīshu
8	devi	devyau	devyah

Hauptwörter auf -an

Hauptwörter können auch auf einen Konsonanten enden, z. B. ātman *(Selbst, Seele). Die Beugung von* ātman *gilt jedoch nicht für alle männlichen Hauptwörter auf* -an.

	ātman (m) *(Selbst, Seele)*		
	Einzahl	**Zweizahl**	**Mehrzahl**
1	ātmā *Seele*	ātmānau *(zwei-)Seelen*	ātmānah *Seelen*
2	ātmanah	ātmanoh	ātmanām
3	ātmane	ātmabhyām	ātmabhyah
4	ātmānam	ātmānau	ātmanah
5	ātmanā	ātmabhyām	ātmabhih
6	ātmanah	ātmabhyām	ātmabhyah
7	ātmani	ātmanoh	ātmasu
8	ātman	ātmānau	ātmānah

Es gibt auch sächliche Hauptwörter auf -an, *die sich in einigen Fällen nochmals von den männlichen unterscheiden.*

	nāman (s) *(Name)*		
	Einzahl	**Zweizahl**	**Mehrzahl**
1	nāma *Name*	nāmanī *(zwei-)Namen*	nāmāni *Namen*
2	nāmnah	nāmnoh	nāmnām
3	nāmne	nāmabhyām	nāmabhyah
4	nāma	nāmanī	nāmāni
5	nāmnā	nāmabhyām	nāmabhih
6	nāmnah	nāmabhyām	nāmabhyah
7	nāmani	nāmnoh	nāmasu
8	nāman	nāmanī	nāmāni

	rakshin (m) *(Polizist)*		
	Einzahl	**Zweizahl**	**Mehrzahl**
1	rakshī *Polizist*	rakshinau *(zwei-)Polizisten*	rakshinah *Polizisten*
2	rakshinah	rakshinoh	rakshinām
3	rakshine	rakshibhyām	rakshibhyah
4	rakshinam	rakshinau	rakshinah
5	rakshinā	rakshibhyām	rakshibhih
6	rakshinah	rakshibhyām	rakshibhyah
7	rakshini	rakshinoh	rakshishu
8	rakshin	rakshinau	rakshinah

Hauptwörter auf -in
Im Sanskrit können Hauptwörter noch auf weitere Konsonanten enden, z. B. vāc (w) *(Wort),* vanij (m) *(Kaufmann),* dish (w) *(Himmelsrichtung) und* manas (s) *(Denkvermögen). Diese Beugungen werden hier nicht dargestellt.*

Verhältniswörter

Im Sanskrit werden Verhältniswörter (Präpositionen) viel seltener benutzt als im Deutschen. Sie sind in den gebeugten Hauptwörtern schon enthalten.

3. Fall (u. a. Zweck)	
darshanāya (s)	dem Sehen, *au.:* zum Ansehen

4. Fall (u. a. Richtung)	
griham (m)	Haus, *au.:* zum Haus, nach Hause

6. Fall („Woher"-Fall, kann auch Grund angeben)	
grihāt	aus dem Haus
sakhyāt (s)	wegen der Freundschaft

7. Fall („Wo"-Fall)	
grihe	im / beim / auf dem Haus

Mit der Zeit, ein bisschen Übung und aufmerksamem Studieren der Beispielsätze werden Sie bald ein Gefühl für die richtige Übersetzung bekommen.

Daneben gibt es einige selbständige Verhältniswörter, die dem Hauptwort vor- oder nachgestellt werden können. Lediglich iva kann nur nachgestellt werden.

upari [+2/+4/+7]	über, auf, aufwärts
purah [+2]	vor *(zeitl. u. räuml.)*
vinā [+4/+5/+6]	ohne
saha [+5]	mit
iva [mit allen Fällen]	wie

upari grihasya
über Hauses[2]
über dem Haus

griham upari
Haus[4] *über*
über dem Haus

puro grihasya
vor Haus(m)*[2]
vor dem Haus

puro 'shta-vādanasya
vor acht-Stunde(s)*[2]
vor acht Uhr

parvatam upari
Berg(m)[4] *auf*
auf den Berg

madyam / māmsam vinā
Berauschendes(s)[4] */ Fleisch(s)*[4] *ohne*
ohne Alkohol / Fleisch

mitrena saha
Freund(s)[5] *mit*
mit dem Freund

bhārata-desha iva
*Indien-Land(m)**[7] *wie*
wie in Indien

Dieses & Jenes / Hier & Dort

Die hinweisenden Fürwörter sah, sā, tat können auch wie ein bestimmter Artikel *(der, die, das)* gebraucht werden. Den Anredefall kann man hier nicht bilden.

Dieses & Jenes

Ez	männlich	weiblich	sächlich
1	**sah**, *au.:* **sa** *(dieser)*	**sā** *(diese)*	**tat** *(dieses)*
2	**tasya**	**tasyāh**	**tasya**
3	**tasmai**	**tasyai**	**tasmai**
4	**tam**	**tām**	**tat**
5	**tena**	**tayā**	**tena**
6	**tasmāt**	**tasyāh**	**tasmāt**
7	**tasmin**	**tasyām**	**tasmin**

Zz	männlich	weiblich	sächlich
1	**tau** *(diese-beiden)*	**te** *(diese-beiden)*	**te**
2	**tasyoh**	**tasyoh**	**tasyoh**
3	**tābhyām**	**tābhyām**	**tābhyām**
4	**tau**	**te**	**te**
5	**tābhyām**	**tābhyām**	**tābhyām**
6	**tābhyām**	**tābhyām**	**tābhyām**
7	**tasyoh**	**tasyoh**	**tasyoh**

Sah *ist das „neutralste" hinweisende Fürwort, das aber auch für etwas, das sich nahe beim Sprecher befindet, stehen kann,* asau *hingegen für etwas, das vom Sprecher weiter entfernt ist.*
Das typische hinweisende Fürwort für nahe Dinge ist ayam, iyam, idam, *das wir hier nur im 1. Fall verwenden, weshalb das Beugungsschema nicht angegeben wird.*

Mz	männlich	weiblich	sächlich
1	**te** *(diese)*	**tāh** *(diese)*	**tāni** *(diese)*
2	**teshām**	**tāsām**	**teshām**
3	**tebhyah**	**tābhyah**	**tebhyah**
4	**tān**	**tāh**	**tāni**
5	**taih**	**tābhih**	**taih**
6	**tebhyah**	**tābhyah**	**tebhyah**
7	**teshu**	**tāsu**	**teshu**

Ez	männlich	weiblich	sächlich
1	**asau** *(jener)*	**asau** *(jene)*	**adah** *(jenes)*
2	**amushya**	**amushyāh**	**amushya**
3	**amushmai**	**amushyai**	**amushmai**
4	**amum**	**amūm**	**adah**
5	**amunā**	**amuyā**	**amunā**
6	**amushmāt**	**amushyāh**	**amushmāt**
7	**amushmin**	**amushyām**	**amushmin**

Es gibt mehrere Möglichkeiten, „dieses" auszudrücken. Für „jenes" steht jedoch immer eine Form von asau (m), asau (w), adah (s).

Zz	männlich / weiblich / sächlich
1	**amū** *(jene-beiden)*
2	**amuyoh**
3	**amūbhyām**
4	**amū**
5	**amūbhyām**
6	**amūbhyām**
7	**amuyoh**

Mz	männlich	weiblich	sächlich
1	**amī** *(jene)*	**amūh** *(jene)*	**amūni** *(jene)*
2	**amīshām**	**amūshām**	**amīshām**
3	**amībhyah**	**amūbhyah**	**amībhyah**
4	**amūn**	**amūh**	**amūni**
5	**amībhih**	**amūbhih**	**amībhih**
6	**amībhyah**	**amūbhyah**	**amībhyah**
7	**amīshu**	**amūshu**	**amīshu**

Statt der Grundform des Pronomens sah *wird vor Mitlauten (und nicht nur vor Mitlauten)* sa *gebraucht. Hier kommen jedoch wieder Lautgesetze zum Tragen. Die korrekte grammatische Form ist jedoch* sah.

sa narah	**asau narah**
der/dieser Mann[1]	*jener Mann*[1]
der / dieser Mann	jener Mann / der Mann dort

hier & dort

Will man in einem Satz „hier“ (nahe beim Sprecher) und „dort“ (vom Sprecher entfernt) gegenüberstellen, sagt man iha oder atra für „hier“ und tatra für „dort“. Für sich allein kann auch tatra manchmal „hier“ bedeuten. Ähnlich wie im Deutschen stehen iha oder atra nicht nur als Ortsangabe, sondern auch in der Bedeutung „in diesem Fall“ oder „in dieser Hinsicht“.

iha	hier
atra	hier
tatra	dort *(manchmal auch „hier“!)*

Persönliche Fürwörter

Für die 1. und 2. Person gibt es im Sanskrit auch jeweils die Zweizahl, mit der genau zwei Personen gemeint sind („wir beide", „ihr beide"). Für „er, sie, es" tritt sah, sā, tat ein (s. „Dieses & Jenes"). Die persönlichen Fürwörter (Personalpronomen) können in allen Fällen bis auf den 8. Fall (Anredefall) gebeugt werden.

	Einzahl	Zweizahl	Mehrzahl
1	aham	āvām	vayam
	ich	*wir-beide*	*wir*
2	mama (me)	āvayoh	asmākam (nah)
3	mahyam (me)	āvābhyām	asmabhyam (nah)
4	mām (mā)	āvām	asmān (nah)
5	mayā	āvābhyām	asmābhih
6	mat	āvābhyām	asmat
7	mayi	āvayoh	asmāsu

1. Person („ich")
Die Formen in Klammern sind alternativ, dürfen allerdings nicht am Satzanfang stehen. Der 2. Fall ist zugleich auch das besitzanzeigende Fürwort.

	Einzahl	Zweizahl	Mehrzahl
1	tvam	yuvām	yūyam
	du	*ihr-beide*	*ihr*
2	tava (te)	yuvayoh	yushmākam (vah)
3	tubhyam (te)	yuvābhyām	yushmabhyam (vah)
4	tvām (tvā)	yuvām	yushmān (vah)
5	tvayā	yuvābhyām	yushmābhih
6	tvat	yuvābhyām	yushmat
7	tvayi	yuvayoh	yushmāsu

2. Person („du")

tvayā / tena saha	mayi	aham / tvam iva
dir[5] / ihm[5] mit	*ich[7]*	*ich[1] / du[1] wie*
mit dir / ihm	bei / in mir	wie ich / du

Besitzanzeigende Fürwörter

Die besitzanzeigenden Fürwörter („mein, dein, unser ...") entsprechen den im 2. Fall gebeugten persönlichen Fürwörtern. Auch für die 3. Person Ein-, Zwei- und Mehrzahl, die etwas besitzt, steht jeweils der 2. Fall entweder von sah *(dieser)* bzw. asau *(jener)*. Die besitzanzeigenden Fürwörter (Possessivpronomen) stehen vor dem Hauptwort, auf das sie sich beziehen und richten sich nach diesem in Zahl und (für die 3. Person) grammatischem Geschlecht, nicht jedoch im Fall (sie stehen ja immer im 2. Fall).

In der Wort-für-Wort-Übersetzung steht „mein, dein" usw. ohne eine Zahl für den grammatischen Fall.

mama grihah	**tava pūjā**	**yushmākam grihe**
mein Haus[1]	*deine Andacht[1]*	*eurem (in-)Haus[7]*
mein Haus	deine Andacht	in eurem Haus

		Einzahl	Zweizahl	Mehrzahl
1. Person		**mama (me)** *(mein)*	**āvayoh** *(unser beider)*	**asmākam (nah)** *(unser)*
2. Person		**tava (te)** *(dein)*	**yuvayoh** *(euer beider)*	**yushmākam (vah)** *(euer)*
3. Person (von sah „dieser")	m, s	**tasya** *(sein)*	**tasyoh**	**teshām**
	w	**tasyāh** *(ihr)*		**tāsām**
3. Person (von asau „jener")	m, s	**amushya** *(sein)*	**amuyoh**	**amīshām**
	w	**amushyāh** *(ihr)*		**amūshām**

Die Kurzformen in Klammern (z. B. me für mama oder te für tava) dürfen nicht am Satzanfang stehen.

Neben mama oder me kann man „mein" auch durch das Eigenschaftswort madīya ausdrücken. Es wird genauso gebeugt wie die anderen Eigenschaftswörter.

... nah sakhyāt
... unserer (wegen-)Freundschaft[6]
wegen unserer Freundschaft

tāsām sakhyāt
deren(w) (wegen-)Freundschaft[6]
wegen ihrer *(mehrere Frauen)* Freundschaft

Eigenschaftswörter & Steigerung

Eigenschaftswörter (Adjektive) stehen normalerweise vor dem Hauptwort, auf das sie sich beziehen, und richten sich nach diesem in Zahl, grammatischem Geschlecht und Fall. Viele Eigenschaftswörter folgen der Beugung für Hauptwörter auf -a (m/s) bzw. auf -ā (w), manchmal auch auf -ī (w).

Es gibt daneben noch weitere, anders endende Eigenschaftswörter, z. B. balin (m/s), balinī (w) *(stark)*. Auch hier gilt: Sie werden so gebeugt wie die Hauptwörter mit der entsprechenden Endung.

Bei unterschiedlichen Endungen von Eigenschaftswort und Hauptwort muss man aufpassen!

alpe grihe
kleinen(m)[7] (in-)Haus[7]
in dem kleinen Haus

alpāya rakshine
kleiner(m)[3] Polizist[3]
dem kleinen Polizisten

madīyayā sundarayā kanyayā
meine(w)[5] schöne(w)[5] (durch-)Tochter[5]
durch meine schöne Tochter

Eine besondere Beugung gilt für mahat *(groß)*, wenn dieses Wort mit männlichen oder sächlichen Hauptwörtern steht. Die weibliche Form lautet mahatī und wird wie die Hauptwörter auf -ī gebeugt.

	mahat *(groß)* (männliche Beugung!)		
m	**Einzahl**	**Zweizahl**	**Mehrzahl**
1	**mahān**	**mahāntau**	**mahāntah**
2	**mahatah**	**mahatoh**	**mahatām**
3	**mahate**	**mahadbhyām**	**mahadbhyah**
4	**mahāntam**	**mahāntau**	**mahatah**
5	**mahatā**	**mahadbhyām**	**mahadbhih**
6	**mahatah**	**mahadbhyām**	**mahadbhyah**
7	**mahati**	**mahatoh**	**mahatsu**
8	**mahan**	**mahāntau**	**mahāntah**

Eigenschaftswörter & Steigerung

	mahat *(groß)* (sächliche Beugung!)		
s	**Einzahl**	**Zweizahl**	**Mehrzahl**
1	**mahat**	**mahatī**	**mahānti**
2	**mahatah**	**mahatoh**	**mahatām**
3	**mahate**	**mahadbhyām**	**mahadbhyah**
4	**mahat**	**mahatī**	**mahānti**
5	**mahatā**	**mahadbhyām**	**mahadbhih**
6	**mahatah**	**mahadbhyām**	**mahadbhyah**
7	**mahati**	**mahatoh**	**mahatsu**
8	**mahat**	**mahatī**	**mahānti**

mahati grihe
großen(m)[7] (in-)Haus[7]
in dem großen Haus

ucitam mūlyam
angemessen(s)[1/4] Preis[1/4]
ein angemessener Preis

samīpam jagdhyāpanam
nahen(m)[4] Hotel[4]
zu einem nahen Hotel

mahate putrāya
großen(m)[3] Sohn(m)[3]
dem großen Sohn

Diese unbeugbaren Wörter werden in der Wort-für-Wort-Übersetzung mit (ind) für „indeklinabel" (nicht beugbar) gekennzeichnet.

Einige Eigenschaftswörter werden im Sanskrit nicht gebeugt, sind also unveränderlich. Es gibt nur ganz wenige davon, u. a. alam *(genug)*, mithyā *(falsch)*, samyak *(richtig)*, nāma *(namens)* und tushnīm *(still)*.

Tad mithyā.
dieses[*1] falsch(ind)*
Das ist falsch.

Tat samyak.
dieses[1] richtig(ind)
Das ist richtig.

Steigerungsformen der Eigenschaftswörter

Die einfachste Art, Eigenschaftswörter zu steigern, ist das Anfügen von -tara (m/s) bzw. -tarā (w) für die 1. Steigerungsstufe (Komparativ) und -tama (m/s) bzw. -tamā (w) für die 2. Steigerungsstufe (Superlativ). Und wie Sie schon gemerkt haben, richtet sich auch das gesteigerte Eigenschaftswort nach dem zugehörigen Hauptwort.

alpa	**alpatara**	**alpatama**
klein	kleiner	kleinster/-es
balin	**balitara**	**balitama**
stark	stärker	stärkster/-es

alpataro bālah
*kleinerer(m)**[1] *Junge*[1]
der kleinere Junge

alpatarā kanyā
kleinere(w)[1] *Mädchen*[1]
das kleinere Mädchen

Beim Vergleich steht die Sache, die übertroffen wird, im 6. Fall:

bālād alpatarā kanyā
*Junge**[6] *kleinere*[1] *Mädchen*[1]
ein Mädchen, das kleiner ist als der Junge

Es gibt noch andere Möglichkeiten der Steigerung, die jedoch komplizierter sind und in diesem Sprachführer nicht betrachtet werden sollen. Natürlich lassen sich die gesteigerten Eigenschaftswörter auch wieder in alle Fälle setzen. Aber das würde an dieser Stelle zu weit führen.

Verben – Gegenwart, Wunsch- & Befehlsform

Verben sind in der Wörterliste wie für Sanskrit-Wörterbücher üblich unter der so genannten Wurzel verzeichnet. Von dieser (und nicht vom Infinitiv) werden die anderen Verbformen abgeleitet. Die Wurzel **kri** heißt z. B. „tun, machen", die Wurzel **vad** „sagen, sprechen", und **dā** „geben".

Aus der Verbwurzel werden verschiedene Stämme abgeleitet und davon die gebeugten Verbformen gebildet. Es gibt den Gegenwartsstamm, mehrere Vergangenheitsstämme und zwei Möglichkeiten, die Zukunft auszudrücken. Leider gibt es für die Bildung der einzelnen Stämme keine „Faustregeln".

Die Vergangenheitsstämme werden hier nicht betrachtet, und von der Zukunft nur eine Bildungsweise. Außerdem kennt das Sanskrit Verbformen, die europäische Sanskrit-Forscher Prekativ, Konditional, Desiderativ und Intensiv genannt haben. Diese werden hier nicht vorgestellt. Aus dem System des Passivs (der „Leideform") werden Sie nur einige Formen kennenlernen.

thematisch & athematisch

Es gibt zwei große Gruppen von Verbwurzeln, die den Gegenwartsstamm jeweils anders bilden. In der 1. Gruppe („thematische" Beugung) endet der

In der griechischen Grammatik nennt man einen zwischen Stamm und Endung eingeschobenen Vokal einen „Thema-Vokal". Im Sanskrit wird bei „thematischen" Verben ein a *eingeschoben, bei „athematischen" (also nicht-thematischen) Verben fehlt das* a.

Stamm auf -a. Bei der 2. Gruppe („athematische" Beugung) von Verbwurzeln gibt es für jedes Verb mehrere (meist zwei) Gegenwartsstämme, die nie auf -a enden. Diese Gruppe ist in sechs Unterarten mit jeweils eigenen Regeln für die Bildung des Gegenwartsstamms unterteilt. Vergleichen Sie:

vada-
Gegenwartsstamm von der Wurzel vad *(sagen, sprechen)* endet auf -a, daher „thematische" Beugung
karo-, kuru-, kur-
Gegenwartsstämme von der Wurzel kri *(machen, tun)* enden nicht auf -a, daher „athematische" Beugung (wird hier nur teilweise erläutert)

In den Wörterlisten wird zuerst die Wurzel und dann die 3. Person Einzahl angegeben, die auf -ti oder -te endet. An dem Buchstaben vor der Endung können Sie erkennen, ob ein Verb „thematisch" (mit a) oder „athematisch" (ohne a) gebeugt wird, z. B.: vad, vadati, vadate *(sagen, sprechen)*.

Aus dieser Angabe erkennen Sie: (1) vad ist die Wurzel; (2) vadati und vadate sind Formen der 3. Person Einzahl in der Gegenwart. Warum es zwei Formen gibt und wie die vollständige Beugung aussieht, wird weiter unten erläutert. (3) Vor den Personen-Beugungsendungen -ti und -te steht ein a. Die Wurzel wird also „thematisch" gebeugt.

Es gibt auch eine Infinitivform im Sanskrit. Dieser Infinitiv ist jedoch streng genommen kein Verb mehr, sondern ein Hauptwort auf -u, *das meist im 4. Fall vorkommt (und dann auf* -um *endet).*

An den Gegenwartsstamm werden Endungen angehängt, die die handelnde Person enthalten, so dass das persönliche Fürwort entfallen kann:

vada-nti	**karo-shi**
(sie-)sagen	*(du-)machst*
sie sagen	du machst

Verben – Gegenwart, Wunsch- & Befehlsform

Es gibt 1., 2. und 3. Person (wie im Deutschen) und neben Ein- und Mehrzahl auch die Zweizahl. Vergleichen Sie (jeweils Gegenwart Aktiv):

vada-ti	er / sie / es sagt *(Einzahl)*
vada-tah	sie (beide) sagen *(Zweizahl)*
vada-nti	sie sagen *(Mehrzahl)*

An den Gegenwartsstamm werden die Beugungsendungen für die einfache Gegenwart, die Wunschform oder die Befehlsform angehängt. Man kann vom Gegenwartsstamm (!) auch eine Vergangenheit bilden, die Sie aber nicht kennen müssen.

Leider treten beim Anhängen der Endung an den Gegenwartsstamm manchmal Lautwechsel auf:

vada + **-āmi** wird zu **vad-āmi**	ich sage (Aktiv)

thematische Beugung im Aktiv

einfache Gegenwart (Aktiv)

Einzahl	Zweizahl	Mehrzahl
vadāmi	**vadāvah**	**vadāmah**
(ich-)sage	*(wir-beide-)sagen*	*(wir-)sagen*
vadasi	**vadathah**	**vadatha**
(du-)sagst	*(ihr-beide-)sagt*	*(ihr-)sagt*
vadati	**vadatah**	**vadanti**
(er/sie/es-)sagt	*(sie-beide-)sagen*	*(sie-)sagen*

Achtung: Lautwechsel bei den Formen der 1. Person!

Im Sanskrit ist die Reihenfolge der Satzglieder nicht streng vorgeschrieben. Häufig steht der Handelnde (Subjekt) am Anfang, es folgt die Satzergänzung (Objekt), die gebeugte Verbform beschließt den Satz.

Rakshī yātrikena vadati.
Polizist[1] (mit-)Reisendem[5] (er-)spricht
Der Polizist spricht mit dem Reisenden.

(Aham) rakshinā vadāmi.
(ich[1]) (mit-)Polizist[5] (ich-)spreche
Ich spreche mit dem Polizisten.

Verben – Gegenwart, Wunsch- & Befehlsform

Wunschform (Aktiv)

Die Wunschform nimmt man vor allem, wenn man möchte, dass etwas geschieht (z. B. Bitte).

Wie die einfache Gegenwart wird auch die Wunschform vom Gegenwartsstamm abgeleitet (hier sind das End-a des Stamms und das Anfangs-i der Endung zu e verschmolzen: Lautwandel im Wortinneren!).

vadeyam *(ich-)möge-sagen*	**vadeva** *(wir-beide-)mögen-sagen*	**vadema** *(wir-)mögen-sagen*
vadeh *(du-)mögest-sagen*	**vadetam** *(ihr-beide-)möget-sagen*	**vadeta** *(ihr-)möget-sagen*
vadet *(er/sie/es-)möge-sagen*	**vadetām** *(sie-beide-)mögen-sagen*	**vadeyuh** *(sie-)mögen-sagen*

Velām vadeh.
Uhrzeit[4] (du-)mögest-sagen
Sag bitte die Uhrzeit.

Es gibt im Sanskrit auch eine Befehlsform für die 1. und die 3. Person. Bei den Endungen der 1. Person gibt es Lautwechsel.

Befehlsform (Aktiv)

Auch die Befehlsform leitet sich vom Gegenwartsstamm ab und hat ihre eigenen Endungen.

vadāni *(ich-)soll-sagen!*	**vadāva** *(wir-beide-)sollen-sagen!*	**vadāma** *(wir-)sollen-sagen!*
vada *sag!*	**vadatam** *(ihr-beide-)sagt!*	**vadata** *sagt!*
vadatu *(er/sie/es-)soll-sagen!*	**vadatām** *(sie-beide-)sollen-sagen!*	**vadantu** *(sie-)sollen-sagen!*

Die Befehlsform wird in der Wort-für-Wort-Übersetzung zusätzlich mit einem Ausrufezeichen gekennzeichnet.

Vikrayika satyam vada!
(o-)Verkäufer(m)[8] Wahrheit(s)[4] sag!
O Verkäufer, sag die Wahrheit!

Vikrayikāh satyam vadantu!
Verkäufer(mMz)[1] Wahrheit(s)[4] (sie-)sollen-sagen!
Verkäufer sollen die Wahrheit sagen!

thematische Beugung im Medium

Einige Verben haben *neben* dem Aktiv ein Medium oder auch *nur* ein Medium. Das Medium nimmt eine Mittelstellung zwischen Aktiv und Passiv ein. Damit werden Handlungen beschrieben, die der Handelnde für sich selbst ausführt. (Die athematische Beugung, zu der kri gehört, wird erst später erläutert.) Vergleichen Sie:

kri	machen (Wurzel)
karoti	„er / sie / es macht" (Gegenwart Aktiv), gemeint ist: „er / sie / es macht etwas für einen anderen"
kurute	„er / sie / es macht" (Gegenwart Medium), gemeint ist: „er / sie / es macht etwas für sich selbst"

Nicht immer ist der Unterschied zwischen Aktiv und Medium so deutlich wie in diesem Fall. Meist wird es wie ein Aktiv übersetzt, das im Übrigen sehr viel häufiger gebraucht wird. In der Wörterliste wird die 3. Person Einzahl im Medium der Gegenwart (endet auf -te) angegeben, wenn es diese gibt. Das Aktiv eines Verbs erkennen Sie in der Wörterliste an der Endung -ti.

Das Medium wird vom gleichen Gegenwartsstamm wie das Aktiv gebildet. In den athematischen Beugungen gibt es starke und schwache Gegenwartsstämme. Wie man am Beispiel kri *sehen kann, wird in der 3. Person Einzahl Aktiv der starke Stamm gebraucht, beim Medium jedoch der schwache. Dies ist aber von der einzelnen Form abhängig, nicht von Aktiv und Medium. Wie Sie auf der übernächsten Seite sehen werden, hat auch die 3. Person Zweizahl im Aktiv* (kurutah) *den schwachen Stamm.*

einfache Gegenwart (Medium)

Diese Zeitstufe wird vom Gegenwartsstamm + Endung gebildet. Die Medium-Endungen sind andere als im Aktiv. Bei der 1. Person Einzahl und Mehrzahl sowie bei allen Personen der Zweizahl treten Lautwechsel auf. In der Wort-für-Wort-Übersetzung wird das Medium nicht extra gekennzeichnet. Man erkennt es an den Beugungsendungen des Verbs, die sich von den Endungen im Aktiv unterscheiden.

Verben – Gegenwart, Wunsch- & Befehlsform

vade *(ich-)sage*	**vadāvahe** *(wir-beide-)sagen*	**vadāmahe** *(wir-)sagen*
vadase *(du-)sagst*	**vadethe** *(ihr-beide-)sagt*	**vadadhve** *(ihr-)sagt*
vadate *(er/sie/es-)sagt*	**vadete** *(sie-beide-)sagen*	**vadante** *(sie-)sagen*

Satyam vade.
Wahrheit(s)[4] *(ich-)sage*
Ich sage die Wahrheit.

Wunschform (Medium)

Auch hier verschmelzen das End-a des Gegenwartsstamms und das Anfangs-i der Endung zu e.

vadeya *(ich-)möge-sagen*	**vadevahi** *(wir-beide-)mögen-sagen*	**vademahi** *(wir-)mögen-sagen*
vadethāh *(du-)mögest-sagen*	**vadeyāthām** *(ihr-beide-)möget-sagen*	**vadedhvam** *(ihr-)möget-sagen*
vadeta *(er/sie/es-)möge-sagen*	**vadeyātām** *(sie-beide-)mögen-sagen*	**vaderan** *(sie-)mögen-sagen*

Befehlsform (Medium)

Achtung: Lautwechsel in 1. Person Einzahl und Mehrzahl sowie allen Personen der Zweizahl.

vadai *(ich-)soll-sagen!*	**vadāvahai** *(wir-beide-)sollen-sagen!*	**vadāmahai** *(wir)sollen-sagen!*
vadasva *sag!*	**vadethām** *(ihr-beide-)sagt!*	**vadadhvam** *sagt!*
vadatām *(er/sie/es-)soll-sagen!*	**vadetām** *(sie-beide-)sollen-sagen!*	**vadantām** *(sie-)sollen-sagen!*

Verben – Gegenwart, Wunsch- & Befehlsform

athematische Beugung im Aktiv

Verben, deren Gegenwartsstamm nicht auf -a endet, werden „athematisch“ gebeugt. Sie sehen ein solches Verb in der Wörterliste z. B. wie folgt verzeichnet: kri, karoti, kurute *(tun, machen)*.

Das bedeutet: (1) kri bildet Aktiv (Endung -ti) und Medium (-te); (2) es ist „athematisch“ (Gegenwartsstamm vor der Endung -ti oder -te ohne End-a).

kri *(machen)* hat einen schwachen Gegenwartsstamm kuru- (manchmal unregelmäßig: kur-) und den starken Stamm karo-.

Von den „athematischen“ Verben gibt es sechs Untergruppen mit ganz unterschiedlichen Bildungsweisen. Dabei treten mehrere (meist zwei) Gegenwartsstämme auf, die von der jeweiligen Endung abhängig sind. Die meisten Bildungsweisen werden hier nicht behandelt.

einfache Gegenwart (Aktiv)

karomi *(ich-)mache*	**kurvah** *(wir-beide-)machen*	**kurmah** *(wir-)machen*
karoshi *(du-)machst*	**kuruthah** *(ihr-beide-)macht*	**kurutha** *(ihr-)macht*
karoti *(er/sie/es-)macht*	**kurutah** *(sie-beide-)machen*	**kurvanti** *(sie-)machen*

Wunschform (Aktiv)

kuryām *(ich-)möge-machen*	**kuryāva** *(wir-beide-)mögen-machen*	**kuryāma** *(wir-)mögen-machen*
kuryāh *(du-)mögest-machen*	**kuryātam** *(ihr-beide-)möget-machen*	**kuryāta** *(ihr-)möget-machen*
kuryāt *(er/sie/es-)möge-machen*	**kuryātām** *(sie-beide-)mögen-machen*	**kuryuh** *(sie-)mögen-machen*

Befehlsform (Aktiv)

Die Formen der 1. Person sind durch Lautwechsel bei der Verschmelzung der Endung mit dem starken Gegenwartsstamm karo- entstanden.

karavāni *(ich-)soll-machen!*	**karavāva** *(wir-beide-)sollen-machen!*	**karavāma** *(wir-)sollen-machen!*
kuru *mach!*	**kurutam** *(ihr-beide)macht!*	**kuruta** *macht!*
karotu *(er/sie/es-)soll-machen!*	**kurutām** *(sie-beide-)sollen-machen!*	**kurvantu** *(sie-)sollen-machen!*

athematische Beugung im Medium

einfache Gegenwart (Medium)

kurve *(ich-)mache*	**kurvahe** *(wir-beide-)machen*	**kurmahe** *(wir-)machen*
kurushe *(du-)machst*	**kurvāthe** *(ihr-beide-)macht*	**kurudhve** *(ihr-)macht*
kurute *(er/sie/es-)macht*	**kurvāte** *(sie-beide-)machen*	**kurvate** *(sie-)machen*

Wunschform (Medium)

kurvīya *(ich-)möge-machen*	**kurvīvahi** *(wir-beide-)mögen-machen*	**kurvīmahi** *(wir-)mögen-machen*
kurvīthāh *(du-)mögest-machen*	**kurvīyāthām** *(ihr-beide-)möget-machen*	**kurvīdhvam** *(ihr-)möget-machen*
kurvīta *(er/sie/es-)möge-machen*	**kurvīyātām** *(sie-beide-)mögen-machen*	**kurvīran** *(sie-)mögen-machen*

Befehlsform (Medium)

karavai *(ich-)soll-machen!*	**karavāvahai** *(wir-beide-)sollen-machen!*	**karavāmahai** *(wir-)sollen-machen!*
kurushva *mach!*	**kurvāthām** *(ihr-beide)macht!*	**kurudhvam** *macht!*
kurutām *(er/sie/es-)soll-machen!*	**kurvātām** *(sie-beide-)sollen-machen!*	**kurvatām** *(sie-)sollen-machen!*

Vergangenheit & Zukunft

In den Zeitstufen der Vergangenheit und Zukunft wird bei den hier gezeigten Bildungsweisen nicht zwischen „thematisch“ und „athematisch“ unterschieden.

Vergangenheit

Es gibt zahlreiche Vergangenheitsformen, die hier allerdings nicht betrachtet werden. Wollen Sie über ein Geschehen in der Vergangenheit berichten, nehmen Sie einfach die jeweilige Gegenwartsform des Verbs und schließen das Wort sma an. Diese Regel gilt für „thematische“ und „athematische“ Beugung, für Aktiv, Medium und für das Passiv, das weiter unten erläutert wird.

In der Wort-für-Wort-Übersetzung wird auf sma *durch die Abkürzung „Verg.“ (für „Vergangenheit“) hingewiesen.*

Tāja-mahalam pashyāmi sma.
Krone-Palast(Hindi)[4] (ich-)sehe Verg.
Ich sah das Taj Mahal.

Zukunft

Wenn ein Ereignis sehr bald eintreten wird, können Sie ähnlich wie im Deutschen die Gegenwartsform wählen. Ansonsten werden im Sanskrit zwei verschiedene Verbformen gebildet, um ein Geschehen in der Zukunft auszudrücken. Hier nur die einfache Version: An die fast immer veränderte Wurzel wird -sya, -shya oder -ishya sowie eine Personen-Beugungsendung angehängt. Bei einigen ausgewählten Verben wird der „Zukunftsstamm“ in der Verbübersicht (vor den Wörterlisten) unter der Wurzel angegeben. Die Personenendungen sind dieselben wie bei der Gegenwart der „thematischen“ Beugung.

Vergangenheit & Zukunft

In einem Bedingungssatz („Wenn ... , dann werde ich ...") kann man wie im Deutschen die Zukunftsform oder die Gegenwart gebrauchen (s. a. „Bindewörter").

dā *(geben)* (Wurzel) + **-sya** wird zu
dāsya- (Zukunftsstamm)
Beispiel mit Personen-Beugungsendung:
dāsyasi *du wirst geben*

einfache Zukunft (Aktiv)

Achtung: Lautwechsel bei den Formen der 1. Person („ich / wir beide / wir").

dāsyāmi *(ich-)werde-geben*	**dāsyāvah** *(wir-beide-)werden-geben*	**dāsyāmah** *(wir-)werden-geben*
dāsyasi *(du-)wirst-geben*	**dāsyathah** *(ihr-beide-)werdet-geben*	**dāsyatha** *(ihr-)werdet-geben*
dāsyati *(er/sie/es-)wird-geben*	**dāsyatah** *(sie-beide-)werden-geben*	**dāsyanti** *(sie-)werden-geben*

einfache Zukunft (Medium)

Achtung: Lautwechsel bei den Formen der 1. Person Einzahl und Mehrzahl („ich / wir") sowie bei allen Formen der Zweizahl („ ... beide").

dāsye *(ich-)werde-geben*	**dāsyāvahe** *(wir-beide-)werden-geben*	**dāsyāmahe** *(wir-)werden-geben*
dāsyase *(du-)wirst-geben*	**dāsyethe** *(ihr-beide-)werdet-geben*	**dāsyadhve** *(ihr-)werdet-geben*
dāsyate *(er/sie/es-)wird-geben*	**dāsyete** *(sie-beide-)werden-geben*	**dāsyante** *(sie-)werden-geben*

Tvam mahyam āmra-phalāni dāsyasi.
du[1] mir[3] Mango-Früchte(sMz)[4] (du-)wirst-geben
Du wirst mir Mangos geben.

Aham shvah Kalakattām tyajishyāmi.
ich[1] morgen Kalkutta(w)[4] (ich-)werde-verlassen
Ich werde morgen Kalkutta verlassen.

Das Passiv

Für das Passiv der einfachen Gegenwart braucht man den Passivstamm des Verbs, der sehr oft gebildet wird, indem man an die Wurzel die Endung -ya anhängt. Daran treten die Personen-Beugungsendungen der einfachen Gegenwart Medium der „thematischen“ Beugung.

Unregelmäßige Passivstämme (z. B. udya- *für die Wurzel* vad *(sagen)), werden für die wichtigsten Verben in der Verbübersicht vor den Wörterlisten unter der Wurzel angegeben.*

ish *(wünschen)* (Wurzel) + **-ya** wird zu
ishya- (Passivstamm)
Beispiel mit Personen-Beugungsendung:
ishyate *er / sie / es wird gewünscht*

einfache Gegenwart (Passiv)

Achtung: Lautwechsel bei der 1. Person Einzahl und Mehrzahl sowie bei den Formen der Zweizahl.

ishye	**ishyāvahe**	**ishyāmahe**
(ich-)werde-gewünscht	*(wir-beide-)werden-gewünscht*	*(wir-)werden-gewünscht*
ishyase	**ishyethe**	**ishyadhve**
(du-)wirst-gewünscht	*(ihr-beide-)werdet-gewünscht*	*(ihr-)werdet-gewünscht*
ishyate	**ishyete**	**ishyante**
(er/sie/es-)wird-gewünscht	*(sie-beide-)werden-gewünscht*	*(sie-)werden-gewünscht*

Im Passivsatz erscheint der tatsächlich Handelnde (das „logische Subjekt“) im 5. Fall, der Gegenstand, an dem gehandelt wird (das „grammatische Subjekt“) im 1. Fall.

Mayā phalam ishyate.
(durch-)mich[5] Frucht(s)[1] (es-)wird-gewünscht
„Von mir wird eine Frucht gewünscht.“
– Ich möchte eine Frucht haben.

Das Passiv

Vergangenheit (Passiv) (mit Partizip)

Unregelmäßige Formen werden für ausgewählte Verben in der Verbübersicht angegeben.

Auch im Deutschen enden die Partizipien auf -t oder auf -n. Auch dies ist ein Zeichen der Sprachverwandtschaft.

Für eine der möglichen Formen des Passivs der Vergangenheit braucht man das Partizip (Mittelwort) der Vergangenheit (im Deutschen z. B. „geschrieben"). Es wird gebildet, indem man in den meisten Fällen -ta an die Wurzel hängt. Aufgrund von Lautwandel kann sich sowohl die Wurzel als auch die Endung ändern. Häufig ist auch die Endung -na.

kri *(machen)*	+	**-ta**	wird zu	**krita** *(gemacht)*
sad *(sitzen)*	+	**-na**	wird zu	**sanna** *(gesessen)*

Wie im Passiv der Gegenwart steht der Handelnde (logisches Subjekt) im 5. Fall und der Gegenstand, an dem gehandelt wird (grammatisches Subjekt), im 1. Fall. Das Partizip steht ebenfalls im 1. Fall.

Das Partizip der Vergangenheit wird gebeugt wie ein Eigenschaftswort auf -a (m/s) bzw. -ā (w). Die Partizipien richten sich in Zahl, grammatischem Geschlecht und Fall nach dem Hauptwort, auf das sie sich beziehen.

Mayā pustakam likhitam.
(durch-)mich[5] Buch[1] geschrieben(s)[1]
„Durch mich ist ein Buch geschrieben worden."
= Ich habe ein Buch geschrieben.

Es gibt in dieser Art von Sätzen eigentlich keine gebeugte Verbform, sondern ein gebeugtes Eigenschaftswort, das von einem Verb abgeleitet wurde. In der Gegenwart liegt eine gebeugte Verbform vor:

Das hier beschriebene Passiv der Vergangenheit wird häufig gebraucht. So beginnen die ältesten buddhistischen Lehrtexte (sūtra) mit den Worten:

Mayā pustakam likhyate.
(durch-)mich[5] Buch[1] (es-)wird-geschrieben
„Durch mich wird ein Buch geschrieben."
= Ich schreibe ein Buch.

Evam mayā shrutam.
so (durch-)mich[5] gehört(s)[1]
„So ist von mir gehört worden." = So habe ich gehört.

Verbvorsilben

Wie im Deutschen kann die Bedeutung eines Verbs durch Vorsilben verändert werden:

gacchati	*(er-)geht*	er / sie / es geht
anugacchati	*(er-)nachgeht*	er / sie / es folgt
āgacchati	*(er-)hergeht*	er / sie /es kommt

Die wichtigsten Vorsilben für Verben sind:

ā-	hin ... zu, her	**nih-, nis-**	aus, heraus
abhi-	hin, zu	**pari-**	um ... herum
anu-	nach	**pra-**	vor, vorwärts
apa-	weg, fort	**prati-**	(ent)gegen, zurück
ati-	über, vorbei	**sam-**	mit, zusammen
ava-	von ... herab, ab	**ud-**	(hin)auf, aus
ni-	nieder, hinein	**vi-**	weg, auseinander

In sehr altertümlicher Sprache wurden einige dieser Vorsilben als selbständige Präpositionen (Verhältniswörter) gebraucht. Sam- *wird auch bei der Steigerung des Verbs verwendet.*

Das Absolutiv

Bei einem längeren Textabschnitt, bei dem sich der Täter des Satzes (Subjekt) nicht ändert („gleichgeordnete Satzaussagen"), muss man nicht in jedem Satz eine der gebeugten Verbformen nehmen. Man kann dann das so genannte Absolutiv verwenden, eine unveränderliche Form. Von der Wurzel krī *(kaufen)* lautet das Absolutiv krītvā (*„gekauft-habend"*), von drish *(sehen)* heißt es drishtvā (*„gesehen-habend"*).

Das Absolutiv

Im nebenstehenden Beispiel ist der „Täter“, besser gesagt der Handelnde, yātrikā.

Yātrikā tāja-mahalam drishtvā phalam krītvā griham gacchati.
Reisende(wEz)[1] Krone-Palast(Hindi)(m)[4] gesehen-habend Frucht(s)[1] gekauft-habend Haus[4] (sie-)geht
Die Reisende sieht das Taj Mahal, kauft eine Frucht und geht nach Hause.

Die Zeitstufe, die man für ein Absolutiv einsetzt, richtet sich immer nach der gebeugten Verbform am Ende des Satzes.

Yātrike tāja-mahalam drishtvā phalam krītvā griham gaccha!
(o-)Reisende(wEz)[8] Krone-Palast(Hindi)(m)[4] gesehen-habend Frucht(s)[1] gekauft-habend Haus[4] geh!
O Reisende, sieh (dir) das Taj Mahal (an), kauf eine Frucht und geh nach Hause!

Bildung des Absolutivs

Bei reinen Verbwurzeln ohne Vorsilbe wird an die Wurzel entweder -tvā oder -itvā angehängt. Sie haben schon krītvā (*„gekauft-habend“*) von krī *(kaufen)* kennengelernt. Von pat *(fallen)* wird patitvā (*„gefallen-seiend“*) gebildet. Da es eine große Zahl von Unregelmäßigkeiten gibt, sind einige Absolutivformen in der Verbübersicht vor den Wörterlisten angegeben. Sollten Sie selbst im Gespräch eine falsche Form bilden, wird man Sie wahrscheinlich trotzdem verstehen.

Verbwurzeln mit Vorsilbe, z. B. sam-bhū *(entstehen)* hängen an die manchmal veränderte Wurzel -ya an. Sambhūya heißt *„entstanden-seiend“*. Auch hier wird man Sie verstehen, selbst wenn Sie die Form falsch bilden.

Sein & Haben

Die Entsprechungen für die deutschen Verben „sein" und „haben" sind im Sanskrit niemals Hilfsverben, wie sie z. B. zur Bildung von Zeitstufen benötigt werden. Verben für „sein" können jedoch in Verbindung mit Partizipien stehen und daher wie ein Hilfsverb aussehen. Man kann sagen:

Aham āgatāsmi. *(sagt Frau)*	**Aham āgatā.** *(sagt Frau)*
ich[1] angekommen(w)[1]-bin*	*ich[1] angekommen(w)[1]*
Ich bin angekommen.	Ich bin angekommen.

Der Sanskritsprecher will kein Perfekt bilden, sondern betrachtet āgatā als Eigenschaftswort, das durch eine Form von „sein" als Kopula mit dem Subjekt verknüpft ist.

sein

Es gibt im Sanskrit eine Reihe von Verben für „sein". Sie können in der 3. Person auch bedeuten: „es gibt". Das häufigste Verb hierbei ist as, dessen unregelmäßige Beugung unten aufgeführt ist. Die Bedeutung des Satzes ändert sich nicht, wenn ein weniger häufiges Verb für „sein" gewählt wird. Sehr oft wird auch die Wurzel bhū gebraucht, die zugleich „(zu etwas) werden, entstehen" bedeuten kann.

Der Gegenwartsstamm von bhū *ist* bhava-. *Dieses Verb wird also „thematisch" (als Aktiv und als Medium) gebeugt.*

Hier die Beugung von as *(sein)* („athematisch"):

einfache Gegenwart (Aktiv)

asmi	*ich bin*	**svah**	*wir(-beide) sind*	**smah**	*wir sind*
asi	*du bist*	**sthah**	*ihr(-beide) seid*	**stha**	*ihr seid*
asti	*er / sie ist*	**stah**	*sie(-beide) sind*	**santi**	*sie sind*

Wunschform (Aktiv)

syām *(ich-)möge-sein*	**syāva** *(wir-beide-)mögen-sein*	**syāma** *(wir-)mögen-sein*
syāh *(du-)mögest-sein*	**syātam** *(ihr-beide-)möget-sein*	**syāta** *(ihr-)möget-sein*
syāt *(er/sie/es-)möge-sein*	**syātām** *(sie-beide-)mögen-sein*	**syuh** *(sie-)mögen-sein*

Befehlsform (Aktiv)

asāni *(ich-)soll-sein!*	**asāva** *(wir-beide-)sollen-sein!*	**asāma** *(wir-)sollen-sein!*
edhi *sei!*	**stam** *(ihr-beide)seid!*	**sta** *seid!*
astu *(er/sie/es-)soll-sein!*	**stām** *(sie-beide-)sollen-sein!*	**santu** *(sie-)sollen-sein!*

Von as *gibt es kein Medium.*

(Aham) yātriko 'smi / yātrikāsmi.
(ich[1]) Reisender[1] (ich-)bin / Reisende*[1]-(ich-)bin*
Ich bin ein Reisender / eine Reisende.

Kalakattā mahad nagaram bhavati.
Kalkutta(w)[1] groß(s)[1] Stadt(s)[1] (sie-)ist*
Kalkutta ist eine große Stadt.

Bhārata-varsham ādhuniko desho bhavati sma.
Indien-Gebiet(s)[1] modern(m)[1] Land(m)*[1] (es-)wird Verg.*
Indien (*„das Gebiet des König Bhārata"*) ist ein modernes Land geworden.

Dillī-nagare santi vishrutāh samgrahālayāh.
(in-)Delhi-Stadt[7] (sie-)sind berühmt(mMz)[1] Sammlung-Orte(m)[1]*
In Delhi gibt es berühmte Museen.

Immer wenn klar ist, was der Satzgegenstand (Subjekt) ist und welche Zeitstufe gemeint ist, können Sie die entsprechende Verbform von „sein" im Sanskrit auch weglassen. Eventuell müssen Sie jedoch ein persönliches Fürwort in den Satz einfügen, damit der Handelnde (Subjekt) zu erkennen ist.

Aham yātrikah / yātrikā.
ich[1] Reisender[1] / Reisende(wEz)[1]
Ich bin ein Reisender / eine Reisende.

Kalakattā mahad nagaram.
Kalkutta(w)[1] groß(s)[1] Stadt(s)[1]*
Kalkutta ist eine große Stadt.

Wenn Sie einen Wunsch oder Befehl ausdrücken wollen, empfiehlt es sich, die Verbform beizubehalten, obwohl sie auch entfallen kann. Man sagt zwar nur Namas te!, der Gruß heißt jedoch vollständig:

Namas te 'stu!
Verehrung(s)[1] dir[3] *(es-)soll-sein!*
Sei gegrüßt!

haben

Es gibt im Sanskrit kein Verb, das genau dem deutschen „haben" (im Sinne von „besitzen") entspricht.

Derjenige, der etwas hat bzw. besitzt, wird in den 2. Fall gesetzt. Die Sache, die er hat, steht im 1. Fall. Am Ende des Satzes steht eine gebeugte Form von „sein" (meist die Wurzel as).

Tava sundare netre stah.
du[2] schöne(sZz)[1] Augen(sZz)[1] (sie-beide-)sind
Du hast schöne Augen.

Mama Dilli-darshanīya-gatāh prashnāh santi.
ich[2] Delhi-sehenswert-betreffend(mMz)[1] Fragen(m)[1] (sie-)sind
Ich habe Fragen zu den Sehenswürdigkeiten Delhis.

Infinitiv

Die Infinitivform im Sanskrit ist streng genommen kein Verb mehr, sondern ein vom Verb abgeleitetes Hauptwort auf -u, *das meist im 4. Fall vorkommt (und dann auf* -um *endet). Es ist definitiv nicht die Form, mit der das Verb „benannt" oder nach der es in Wörterbüchern einsortiert wird.*

Der Infinitiv (für das Sanskrit ist die deutsche Bezeichnung „Nennform" nicht wirklich angemessen) ist nicht mit der Verbwurzel zu verwechseln! Man bildet ihn, indem man an die Wurzel, deren Selbstlaut sich im Wortinneren ändern kann, die Endung -tum anfügt.

Wurzel	Infinitiv	
dā	**dātum**	geben
bhū	**bhavitum**	sein
kri	**kartum**	machen
krī	**kretum**	kaufen

Unregelmäßige Infinitive sind für ausgewählte Verben in der Verbübersicht verzeichnet.

Können, Müssen & Wollen

Die deutschen Modalverben werden im Sanskrit durch andere Verbkonstruktionen ersetzt.

können

Um das deutsche Verb „können" auszudrücken, nimmt man im Sanskrit am besten das Verb shak (shaknoti), das wie kri *(machen)* gebeugt wird. Shak wird zusammen mit dem Infinitiv gebraucht.

Āngla-bhāshāyām bhāshitum shaknoti.
(in-)Englisch-Sprache[7] sprechen (er/sie-)kann
Er / Sie kann Englisch sprechen.

müssen

Ein Modalverb für „müssen" gibt es im Sanskrit nicht. Man kann ersatzweise die Befehlsform nehmen, die es (anders als im Deutschen) nicht nur für die 2. Person gibt.

Rakshy āgacchatu.
*Polizist*¹ (er-)soll-hergehen!*
Ein Polizist soll kommen.

Häufiger werden im Sanskrit aber Passivsätze gebildet, in denen statt des Partizips auf -ta Verbformen auf -tavya stehen. (Diese Verbformen werden in Anlehnung an das Lateinische „Gerundivum" genannt.) Von der Wurzel kri *(machen)* stammt kartavya (*„zu-machend"*, „etwas, das gemacht werden muss").

Das Gerundivum wird wie ein Hauptwort auf -a (m/s) *oder* -ā (w) *gebeugt und richtet sich in Zahl und grammatischem Geschlecht nach dem grammatischen Subjekt. Es steht also im 1. Fall.*

Mūlya-patrikā kretavyā (asti).
Preis-Briefchen(w)¹ zu-kaufend(w)¹ ((sie-)ist)
„Eine Fahrkarte ist zu kaufen."
= Eine Fahrkarte muss gekauft werden.

Man kann den Täter (logisches Subjekt) als Hauptwort oder Fürwort im 5. Fall hinzufügen:

Asmābhir mūlya-patrikā kretavyā.
*(durch-)uns*⁵ Preis-Briefchen(w)¹ zu-kaufend(w)¹*
„Durch uns muss eine Fahrkarte gekauft werden."
= Wir müssen eine Fahrkarte kaufen.

Nicht in jedem Fall übersetzt man „etwas, das gemacht werden muss". Kretavya kann z. B auch heißen „etwas, das gekauft werden *kann*" oder „käuflich". (Übrigens gibt es im Sanskrit noch weitere Endungen, mit denen man ein Gerundivum bilden kann!)

wollen, möchte

Mit der Wunschform (kuryām *„(ich-)möchte-machen"*) drückt man aus, dass man etwas tun will. Man kann auch ein zusammengesetztes Hauptwort aus dem Infinitiv ohne End-m + kāma (*Wunsch,* m) verwenden.

kartu-kāma	**kretu-kāma**
machen-Wunsch	*kaufen-Wunsch*

Normalerweise hieße das „der Wunsch zu machen". Hier ist gemeint „den Wunsch zu machen habend". Daher werden diese Ausdrücke wie Eigenschaftswörter auf -a (m/s) bzw. -ā (w) verwendet, wobei sie sich in Zahl und grammatischem Geschlecht nach dem Subjekt richten. Wie dieses stehen sie im 1. Fall.

Sa tāja-mahalam drashtu-kāmah.
dieser[1] Krone-Palast(Hindi)(m)[4] sehen-Wunsch(m)[1]
Er möchte / wollte das Taj Mahal sehen.

Dieser Satz kann deshalb Gegenwart oder Vergangenheit sein, weil hier eine Form von „sein", die durchaus stehen könnte, weggelassen wurde. Klar ist die Sache im folgenden Satz:

Sa tāja-mahalam drashtu-kāmo 'sti sma.
dieser[1] Krone-Palast[4] sehen-Wunsch(m)[1] (er-)ist Verg.*
Er wollte das Taj Mahal sehen.

Aham āmram kretu-kāmā.
ich[1] Mango[4] kaufen-Wunsch[1](w)
Ich *(sagt Frau)* möchte / wollte eine Mango kaufen.

Vayam Jayapuram gantu-kāmāh smah.
wir[1] Jaipur[4] gehen-Wunsch(mMz)[1] (wir-)sind
Wir möchten nach Jaipur reisen.

Auffordern & Befehlen

Wie schon bekannt, gibt es von den Verben eine Befehlsform, die auch in den Beugungstabellen des Kapitels „Verben" steht. Unserer Befehlsform entsprechen dabei nur die Formen der 2. Person:

Kuru!	**Kuruta!**
Mach!	Macht!

Im Sanskrit kann man aber auch sich selbst oder eine nicht direkt angesprochene Person auffordern:

Karavāma!	**Karavāni! / Karotu!**
(wir-)sollen-machen!	Ich / Er soll machen!
Lasst uns machen!	

Wenn jemand von einem anderen veranlasst wird, etwas zu tun, kann man das im Sanskrit mit einer speziellen Verbform ausdrücken. Diese heißt lateinisch „Kausativ" und wird durch Anhängen von -aya an die manchmal veränderte Verbwurzel gebildet.

Das Kausativ wird den „thematischen" Aktivformen entsprechend gebeugt. Unregelmäßige Kausativstämme sind z. T. in der Verbübersicht vor den Wörterlisten verzeichnet. Der Kausativmarker -aya wird in der Wort-für-Wort-Übersetzung durch die Abkürzung „Kaus" gekennzeichnet.

kri *(machen)* wird zu **kār-**
kār- + **-aya-** ergibt **kāraya-** (Kausativstamm)

Mām Bambaī-nagaram gamayati.
mich[4] Bombay-Stadt(s)[4] (er/sie-)lässt-gehen(Kaus)
Er / Sie veranlasst mich, nach Bombay zu reisen.

Manchmal ist es eleganter, für *„(er/sie-)lässt ..."* ein eigenes Verb für das Kausativ zu finden:

Buddho janam bodhayati.
Buddha[1] Leute(Ez)[4] (er-)lässt-erkennen(Kaus)
Der Buddha belehrt die Leute.

Verneinung; Umstandswörter

Verneinung

Man verneint einen Satz, indem man vor die gebeugte Verbform na *(nicht)* stellt.

Samskrita-bhāshāyām bhāshitum na shaknomi.
(in-)Sanskrit-Sprache[7] sprechen nicht (ich-)kann
Ich kann kein Sanskrit sprechen.

Bitte beachten Sie: Bei Sätzen mit einer Form von „sein" richtet sich ein Eigenschaftswort als Ergänzung der Satzaussage in Zahl und grammatischem Geschlecht nach dem Subjekt. Es steht im 1. Fall.

Bei der Wunschform und der Befehlsform (sowie einigen weiteren, hier nicht behandelten Verbformen) steht als Verneinung nicht na, sondern mā.

Vyādhitā mā bhaveh.
krank(w)[1] nicht (du-)mögest-werden
Mögest du *(zur Frau)* nicht krank werden.

Griham mā gaccha!
Haus[4] nicht geh!
Geh nicht nach Hause!

Umstandswörter

Umstandswörter (Adverbien) werden aus Eigenschaftswörtern durch Anhängen von -m gebildet. So wird etwa vistara *(ausführlich)* zu vistaram. Das Umstandswort liefert nähere Informationen zum Verb.

In der Wort-für-Wort-Übersetzung werden Umstandswörter, die aus Eigenschaftswörtern abgeleitet sind, mit „(U)" gekennzeichnet.

Kathaya vistaram!
erzähl! ausführlich(U)
Erzähle ausführlich!

Rathī shīghram vahati sma.
Fahrer[1] schnell(U) (er-)fährt Verg.
Der Fahrer fuhr schnell.

Manche Umstandswörter sind ursprünglich Eigenschaftswörter im 5. Fall: shana *(sanft)* wird so zu shanaih *(langsam(mMz)[5])*.

Bindewörter

Die wichtigsten Bindewörter (Konjunktionen) sind ca *(und)* sowie vā *(oder)*. Sie stehen nach dem angeschlossenen Ausdruck, wenn dieser aus einem Wort besteht:

sūryash candrash ca
*Sonne(m)*1 Mond(m)*1 und*
Sonne und Mond

narā nāryo vā bālā vā
*Männer*1 Frauen*1 oder Kinder*1 oder*
Männer oder Frauen oder Kinder

narā balino nāryash ca sundaryah
*Männer*1 starke(mMz)*1 Frauen*1 und schöne(wMz)1*
starke Männer und schöne Frauen

Āloka-lekhyam iti shabdena kim ucyate?
Licht-Gezeichnetes1 so (mit-)Wort5 welches?1 (es-)wird-gesagt
Was bedeutet das Wort „āloka-lekhya“? (= Foto)

Besteht ein Glied aus mehreren Wörtern, steht ca *oder* vā *nach dem ersten Wort des jeweiligen Satzteils. Am Ende einer wörtlichen Rede steht* iti *(so).*

Relativ häufig sind auch die Bindewörter yadā *(wenn, als)* und yadi *(wenn, falls)*:

Yadā vimāna āgatah (tadā) aham tvayābhivāditah / tvayābhivāditā.
*als Flugzeug(m)*1 angekommen(m)1 (dann) ich1 (durch-)dich*5-begrüßt(m/w)1*
Als das Flugzeug angekommen war, hast du mich begrüßt. *(sagt Mann / Frau)*

Yady uttaram gacchasi patrāgāram pashyasi.
falls (nach-)links4 (du-)gehst Brief*-Haus(m)1 (du-)siehst*
Wenn du nach links gehst, siehst du die Post.

Für viele Nebensätze, die im Deutschen mit Bindewörtern („als, während, nachdem, weil, obgleich, so dass“) eingeleitet werden, bildet man im Sanskrit meist Ausdrücke aus einem Hauptwort und einem Partizip, die hier jedoch nicht näher erläutert werden sollen, da sie in der gesprochenen Sprache auch keine so große Rolle spielen.

relative Fürwörter (Relativpronomen)

Die deutschen Relativpronomen „welcher, welche, welches“ (auch oft „der, die, das“) zur Einleitung eines Nebensatzes lauten im Sanskrit im 1. Fall in der Einzahl yah (m), yā (w), yat (s). Sie werden ähnlich wie sah, sā, tat (vgl. Kap. „Dieses & Jenes“) gebeugt. Es gibt hierbei keinen 8. Fall (Anredefall).

Wenn man einen Nebensatz bildet, der mit einer Form von yah, yā, yat eingeleitet wird, muss als Gegenstück mit gleichem Bezug im Hauptsatz eine Form von sah, sā, tat stehen.

Yo grihah te mitrasyāsti tam mām ānaya!
*welcher**1 *Haus(m)*1 *dein Freund**2*-(er-)ist den*4 *mich führe!*
Führe mich zu dem Haus, das deinem Freund gehört!

Fragen

Man unterscheidet im Sanskrit wie in anderen Sprachen Entscheidungsfragen, auf die man nur mit Ja oder Nein antworten kann, und Satzfragen, die durch konkrete Fragewörter eingeleitet werden.

Entscheidungsfragen

Entscheidungsfragen leitet man im Sanskrit mit den Fragepartikeln api oder kim ein (in der Wort-für-Wort-Übersetzung mit *„FP“* abgekürzt). Die Satzstellung ist genauso wie im entsprechenden Aussagesatz (abgesehen von der Fragepartikel).

Entscheidungsfragen kann man auch nur mit evam oder na beantworten, ohne einen vollständigen Satz zu bilden.

Api tad vikreyam?
*FP dieses(s)**1 *verkäuflich(s)*1
Kann man das kaufen?

Evam, tad vikreyam.
*so dieses**1 *verkäuflich(s)*1
Ja, das kann man kaufen.

(Tad) na (vikreyam).
*(dieses**1*) nicht (verkäuflich(s)*1*)*
Nein, das ist nicht zu verkaufen.

In Sanskrit-Antworten wird selten die ganze Frage wiederholt. Oft wird nur das Wort genannt, nach dem direkt gefragt wurde, und zwar in der grammatischen Form, in der es im Fragesatz steht.

Ergänzungsfragen

In Ergänzungsfragen steht das Fragewort am Satzanfang oder aber an der Stelle, in der das erfragte Wort im Aussagesatz stehen würde. Die meisten Fragewörter beginnen mit k-.

kadā?	wann?
kasmāt?, kim?	warum?, weshalb?
kim-artham?	wozu?
katham?	wie?
kiyat? (sEz)	wie viel? *(wird ähnlich wie* mahat *„groß" gebeugt)*
kutah?	woher?
kutra? – kva?	wohin? – wo?, wohin?

Wenn Sie die Fragewörter „wer?" und „was?" an dieser Stelle vermissen, haben Sie bitte noch etwas Geduld.

In der Wort-für-Wort-Übersetzung werden Fragewörter mit einem Fragezeichen gekennzeichnet.

Kva bhū-garbha-tailam kretavyam?
wo? Erd-Schoß-Öl[1] kaufbar[1](s)
Wo kann man Benzin kaufen?

Kadā nikshepāgāra udghātitah?
wann? Spar-Haus(m)*[1] aufgeschlossen(m)[1]*
Wann ist die Bank geöffnet?

Mayā kva gantavyam?
(durch-)mich[5] wo? zu-gehend(s)[1]
Wohin muss ich gehen?

Tasmin jagdhyāpane (santi) kiyantah kakshāh?
diesem[7] (in-)Hotel[7] ((sie-)sind) wie-viele(mMz)[1] Zimmer(mMz)[1]
Wie viele Zimmer gibt es in diesem Hotel?

?! Fragen

Für die Beugungsformen vgl. Kap. „Dieses & Jenes“

Kah, kā, kim bedeuten „welcher?, welche?, welches?“, dienen aber auch als „wer?“ (m), „wer?“ (w), „was?“ (n). Sie werden ähnlich gebeugt wie sah, sā, tat.

Den 8. Fall (Anredefall) kann man mit den Fragewörtern nicht bilden.

Ez	männlich	weiblich	sächlich
1	**kah** *welcher?*	**kā** *welche?*	**kim** *welches?*
2	**kasya**	**kasyāh**	**kasya**
3	**kasmai**	**kasyai**	**kasmai**
4	**kam**	**kām**	**kim**
5	**kena**	**kayā**	**kena**
6	**kasmāt**	**kasyāh**	**kasmāt**
7	**kasmin**	**kasyām**	**kasmin**

Zz	männlich	weiblich	sächlich
1	**kau** *welche-beiden?*	**ke** *welche-beiden?*	**ke** *welche-beiden?*
2	**kayoh**	**kayoh**	**kayoh**
3	**kābhyām**	**kābhyām**	**kābhyām**
4	**kau**	**ke**	**ke**
5	**kābhyām**	**kābhyām**	**kābhyām**
6	**kābhyām**	**kābhyām**	**kābhyām**
7	**kayoh**	**kayoh**	**kayoh**

Mz	männlich	weiblich	sächlich
1	**ke** *welche?*	**kāh** *welche?*	**kāni** *welche?*
2	**keshām**	**kāsām**	**keshām**
3	**kebhyah**	**kābhyah**	**kebhyah**
4	**kān**	**kāh**	**kāni**
5	**kaih**	**kābhih**	**kaih**
6	**kebhyah**	**kābhyah**	**kebhyah**
7	**keshu**	**kāsu**	**keshu**

Kim te nāma?
welches?[1] dein Name[1]
Wie heißt du?

Tat kasyāsti?
dieses[1] wessen?(m)-(es-)ist*
Wem gehört dies?

Kasmād deshāt tvam āgato 'si / āgatāsi?
welchem?[6] Land(m)[6] du gekommen(m)*[1] (du-)bist / gekommen(w)*-(du-)bist*
Aus welchem Land kommst du?
(zum Mann / zur Frau)

Bei den nächsten beiden Fragen kommt es darauf an, welche Antwort man erwartet: Wenn man denkt, dass eine Frau gemeint ist, nimmt man die weibliche Form. Wenn man nicht Bescheid weiß oder einen Mann erwartet, nimmt man die männliche Form.

Ko / Kā mām upakartum shaknoti?
welcher?[1] / welche?[1] mich[4] helfen (er/sie-)kann*
Wer *(zum Mann / zur Frau)* kann mir helfen?

Kasmai / Kasyai mūlya-patrikā dātavyā?
wem(m/w)? Fahrkarte(w)[1] zu-gebend(w)[1]
Wem *(zu Mann / Frau)* soll ich die Fahrkarte geben?

Kim mayā kartavyam?
welches? (durch-)mich[5] zu-tuend(s)[1]
Was muss ich tun?

Kim tad-mūlyam?
welches? dieses-Preis(s)[1]*
Wie viel kostet das?

unbestimmte Fürwörter

Aus den Fragewörtern kah, kā, kim lassen sich durch Anhängen von -cit oder -api (selten auch -cana) unbestimmte Fürwörter bilden.

kashcit	irgendeiner, jemand
ko 'pi	irgendeiner, jemand
kimcit	(irgend)etwas
kimapi	(irgend)etwas
kenacit	durch irgendwen / irgendetwas

Aham bhavantam / bhavatīm kimcit pricchāmi.
ich[1] Erhabener[4] / Erhabene[4] etwas[4] (ich-)frage
Ich möchte Sie *(zum Mann / zur Frau)* etwas fragen.

Im gesprochenen Sanskrit treten unbestimmte Fürwörter manchmal für den unbestimmten Artikel *(„einer, eine, eines")* ein. Will man betonen, dass es sich um ein einziges Ding handelt, nimmt man eher das Zahlwort eka (vgl. Kap. „Zahlen & Zählen").

Man kann -cit und -api auch an andere Fragewörter anhängen:

kadācit	**kvacit**
irgendwann	irgendwo

Bhavān / Bhavatī mayā kvacid drishtah / drishtā.
Erhabener[1] / Erhabene[1] (durch-)mich[5] irgendwo gesehen(m/w)[1]*
Ich habe Sie *(zum Mann / zur Frau)* schon mal irgendwo gesehen.

Die unbestimmten Fürwörter lassen sich durch na *verneinen.*

na kadācit	**na kimcit**	**na ko 'pi**	**na kvacit**
nie	nichts	niemand	nirgendwo

Mayā na kimcit shrutam.
(durch-)mich[5] nicht etwas[1] gehört(s)[1]
Ich habe nichts gehört.

Mayā na kashcid / kācid drishtah / drishtā.
(durch-)mich[5] nicht jemand(m/w)[1] gesehen(m/w)[1]*
Ich habe niemanden *(keine/n Mann / Frau)* gesehen.

Tad mayā na kvacid upalabdham.
dieses[1] (durch-)mich[5] nicht irgendwo* bekommen(s)[1]*
Ich habe das nirgends bekommen.

Zahlen & Zählen

Im Sanskrit wird wie im Deutschen nach dem Zehnersystem gezählt. 0 bis 9 wurden schon sehr früh als Ziffern geschrieben.

Die Araber haben das System der zehn Ziffern von den Indern übernommen und nach Europa vermittelt. Es wird also in Einern, Zehnern, Hundertern usw. gezählt.

0	1	2	3	4	5	6	7	8	9
०	१	२	३	४	५	६	७	८	९

Die Zahlwörter werden gebeugt. Von eka *(eins)* gibt es jeweils nur die Einzahl, von dvi *(zwei)* gibt es nur die Zweizahl in den drei Geschlechtern, die Zahlen 3 bis 19 werden unterschiedlich als Mehrzahl gebeugt.

Die Formen in der linken Spalte braucht man nur beim Aufzählen oder in zusammengesetzten Hauptwörtern. In der rechten Spalte sind die Zahlen im 1. Fall aufgeführt.

	Aufzählung	1. Fall
1	**eka**	**ekah** (m), **ekā** (w), **ekam** (s)
2	**dvi**	**dvau** (m Zz), **dve** (w), **dve** (s)
3	**tri**	**trayah** (m Mz), **tisrah** (w), **trīni** (s)
4	**catuh**	**catvārah** (m Mz), **catasrah** (m), **catvāri** (s)
5	**pancan**	**panca** (m/w/s Mz)
6	**shash**	**shat** (m/w/s Mz)
7	**saptan**	**sapta** (m/w/s Mz)
8	**ashtan**	**ashta** (m/w/s Mz)
9	**navan**	**nava** (m/w/s Mz)
10	**dashan**	**dasha** (m/w/s Mz)
11	**ekādashan**	**ekādasha** (m/w/s Mz)
12	**dvādashan**	**dvādasha** (m/w/s Mz)
13	**trayodashan**	**trayodasha** (m/w/s Mz)
14	**caturdashan**	**caturdasha** (m/w/s Mz)
15	**pancadashan**	**pancadasha** (m/w/s Mz)
16	**shodashan**	**shodasha** (m/w/s Mz)
17	**saptadashan**	**saptadasha** (m/w/s Mz)
18	**ashtādashan**	**ashtādasha** (m/w/s Mz)
19	**navadashan, ūnavimshati**	**navadasha** (m/w/s Mz), **ūnavimshatih** (w Ez)

Wenn die Zahlen nun zusammen mit einem Hauptwort stehen, werden 1 bis 19 wie das zugehörige Hauptwort gebeugt. 20 bis 99 sind weiblich Einzahl und haben die gezählten Dinge entweder als Apposition (Beifügung) im gleichen Fall oder in der 2. Fall Mehrzahl neben sich (oder aber es wird sogar ein zusammengesetztes Hauptwort aus Zahl und Gezähltem gebildet). 100, 1000, 10.000 und 100.000 sind sächlich Einzahl. Im Übrigen gilt das Gleiche wie bei den Zahlen 20 bis 99.

	Aufzählung	1. Fall
20	**vimshati**	**vimshatih** (w Ez)
30	**trimshat**	**trimshat** (w Ez)
40	**catvārimshat**	**catvārimshat** (w Ez)
50	**pancāshat**	**pancāshat** (w Ez)
60	**shashti**	**shashtih** (w Ez)
70	**saptati**	**saptatih** (w Ez)
80	**ashīti**	**ashītih** (w Ez)
90	**navati**	**navatih** (w Ez)
100	**shata**	**shatam** (s Ez)
200	**dve shate,** **dvishata**	**dve shate** (s Zz), **dvishatam** (s Ez)
300	**trīni shatāni,** **trishata**	**trīni shatāni** (s Mz), **trishatam** (s Ez)
1000	**sahasra**	**sahasram** (s Ez)
10000	**ayuta**	**ayutam** (s Ez)
100000	**laksha**	**laksham** (s Ez)

dve shate [+2] *zwei(sZz)[1] Hunderte(sZz)[1]*	200
dvishatam [+2] *zwei-Hundert(sEz)[1]*	200
trīni shatāni [+2] *drei(sMz)[1] Hunderte(sMz)[1]*	300
trishatam [+2] *drei-Hundert(sEz)[1]*	300

Die übrigen Zahlen werden sehr unregelmäßig gebildet. Schauen Sie einfach auf die ausgeschriebenen Seitenzahlen dieses Sprachführers.

Bei den zusammengesetzten Zahlen zwischen 20 und 100 sind nur die auf 1, 5, 6, 7, 9 endenden Zahlen regelmäßig. Vor den Zehnern (20: vimshati, 30: trimshat usw.) stehen die Einer in folgender Form:

1	5	6	7	9
eka	**panca**	**shat**	**sapta**	**nava**

21	**ekavimshati**	**ekavimshatih** (w Ez)
37	**saptatrimshat**	**saptatrimshat** (w Ez)

Über 100 werden die Einer und Zehner in den meisten Fällen mit adhika *(mehr)* hinzugefügt:

137	**saptatrimshad-adhikam shatam** (s Ez)[1]
	(oder:) **saptatrimshad-adhika-shatam** (s Ez)[1]
321	**ekavimshaty-adhika-trishatam** (s Ez)[1]

Ordnungszahlen

Die Ordnungszahlen für 1., 2., 3., 4., 6. sind unregelmäßig. Die Zahlen 5., 7., 8., 9., 10. hängen an den 1. Fall der Kardinalzahl (z. B. panca) die Endung -ma (m/s) bzw. -mī (w) an: pancama bzw. pancamī. Die Zahlen 11. bis 19. lauten wie der 1. Fall der Kardinalzahl (m/s) oder ersetzen das Schluss-a durch -ī (w). Alle höheren Ordnungszahlen hängen an die Stammform -tama (m/s) bzw. -tamī (w) an: z. B. 200. dvishatatama (m/s), dvishatatamī (w). Bei der Beugung der weiblichen Formen von 1., 2., 3. muss man aufpassen: Sie enden nicht auf -ī, sondern auf -ā.

1.	**prathama** (m/s)	**prathamā** (w)
2.	**dvitīya** (m/s)	**dvitīyā** (w)
3.	**tritīya** (m/s)	**tritīyā** (w)
4.	**caturtha** (m/s)	**caturthī** (w)
5.	**pancama** (m/s)	**pancamī** (w)
6.	**shashtha** (m/s)	**shashthī** (w)
7.	**saptama** (m/s)	**saptamī** (w)
8.	**ashtama** (m/s)	**ashtamī** (w)
9.	**navama** (m/s)	**navamī** (w)
10.	**dashama** (m/s)	**dashamī** (w)

Zeit & Uhrzeit

Im alten Indien wurde der gesamte Tag (u. a. dina, s) in 30 Abschnitte (muhūrta, m) eingeteilt, d. h. jeder muhūrta war 48 Minuten lang. Astronomen kannten später 60 Abschnitte (ghatikā, w) zu je 24 Minuten. Die Nacht bestand aus drei Wachen (yāma, m). Manchmal wird die Länge eines yāma mit drei Stunden angegeben. Man maß die Zeit am Tag mit Hilfe der Sonne, in der Nacht durch Sternbeobachtungen, und zu jeder Zeit mit einer Wasseruhr, die ähnlich funktionierte wie unsere Sanduhren.

Heutzutage wird die europäische Zeiteinteilung gebraucht:

Am einfachsten ist es, in der Antwort auf die Frage nach der Uhrzeit einen zusammengesetzten Ausdruck aus der Zahl und dem Wort vādana *zu bilden. Dann muss die Zahl nicht gebeugt werden.*

velā (w)	Uhrzeit	**nimesha** (m)	Minute
vādana (s)	Stunde	**kalā** (w)	Sekunde

Idānīm kā velā?
jetzt welche(w)?[1] Uhrzeit[1]
Wie spät ist es jetzt?

Idānīm tri-vādana-velā.
jetzt drei-Stunde-Uhrzeit[1]
Es ist jetzt drei Uhr.

Idānīm sārdha-dvi-vādana-velā.
jetzt mit-Hälfte-zwei-Stunde-Uhrzeit[1]*
Es ist jetzt halb drei (Uhr).

Ein Zeitpunkt, zu dem etwas geschieht, wird im 7. Fall („Wo?"-Fall) angegeben.

Die hier angegebene Art, die Uhrzeit anzugeben, ist der europäischen nachempfunden und daher neu.

Aham dasha-vādana āgamishyāmi.
ich[1] (in-)zehn-Stunde[7] (ich-)werde-kommen*
Ich werde um zehn (Uhr) kommen.

Aham sārdha-dasha-vādana āgamishyāmi.
ich[1] (in-)mit-Hälfte-zehn-Stunde*[7] (ich-)werde-kommen*
Ich werde um halb elf (Uhr) kommen.

allgemeine Zeitangaben

kāla (m)	Zeit	**bahushah**	oft
adya	heute	**kadācit**	manchmal
shvah	morgen	**na kadācit**	nie
hyah	gestern	**acirāt**	(sehr) bald
adhunā	jetzt	**sadyah**	sofort
pratidinam	jeden Tag	**prāk, pūrvam**	früher
sadā, nityam	immer	**pashcāt**	später
ciram	(für) lange (Zeit)	**muhūrtam iva**	für kurze Zeit

Mengen & Maße

Heute sind die metrischen Maße in Gebrauch. Die Bezeichnungen wurden aus dem Englischen übernommen und werden fast so geschrieben, wie ein Engländer sie ausspricht. Ein Meter ist ein mītara. Weil in den Sanskrit-Konsonanten normalerweise ein a enthalten ist, heißt es eben nicht nur „mītar“.

ardha (s)	Hälfte
turīya (s)	Viertel
bhāga (m)	Teil
dvaya (s)	Paar
traya (s)	Gruppe von drei
kecid (m Mz)	einige (vgl. die unbestimmten Fürwörter)
bahavah (m Mz)	viele (von bahu *„viel“*)
sarve (m Mz)	alle (von sarva *„ganz“*, Beugung ähnlich sah, sā, tat)

Längenmaße

yava (m)	Gerstenkorn (ca. 2-3 mm)
angula (m)	Daumenbreite = 6 oder 8 yava (unter 2 cm)
vitasti (w)	Handspanne = 12 angula (ca. 22 cm)
hasta (m) *Hand*	Elle = 24 angula (ca. 44 cm)
danda (m)	Stock(länge) = 4 hasta (ca. 1,8 m)
krosha (m)	Ruf(weite) = 1000 oder 2000 danda
yojana (s) *Joch*	Strecke, die man zurücklegen kann, ohne das Gespann (z. B. Pferde) zu wechseln (4 bis 14 km)

Heute sind auch in Gebrauch:

mītara (m)	Meter
kilo-mītara (m)	Kilometer

Hohlmaße

Die meisten dieser Hohlmaße wurden genutzt, um Getreide abzumessen. Dieses wurde bisweilen auch gewogen, so dass Hohlmaße und Gewichte manchmal miteinander verquickt werden.

kudava (m/s)	= 3 x 3 x 1,5 angula (ca. 100 ccm)
prastha (m/s) *Fläche*	= 4 kudava (ca. 400 ccm)
ādhaka (m/s)	= 4 prastha (ca. 1,6 l)
drona (m/s) *Trog*	= 4 ādhaka (ca. 6,25 l)
khāri (w)	= 18 drona (ca. 110 l)
kumbha (m) *Topf*	= 20 drona (ca. 125 l)
vāha (m) *Gefährt*	= 10 kumbha (ca. 1,25 cbm)

Heute sind auch in Gebrauch:

lītara (m)	Liter
kilo-lītara (m) *Kilo-Liter*	Kubikmeter

Gewichte

gunjā (w)	eine Beerenart (100-200 mg)
māsha (m) *Bohne*	= 5 (oder 7 oder 8) gunjā (ca. 1 g)
ardha-māsha (m) *Hälfte-Bohne*	= ½ māsha
karsha (m) *Pflügen*	= 16 māsha
pala (s)	= 4 karsha (40 bis 50 g)
tulā (w) *Waage*	= 100 pala (4 bis 5 kg)
bhāra (m) *Last*	= 20 tulā (80 bis 100 kg)
ācita (m/s) *Wagenlast*	= 1 oder 10 bhāra

Verschiedene indische Quellen geben diese Gewichte unterschiedlich an. Heute sind auch in Gebrauch:

grāma (m)	Gramm
kilo(-grāma) (m)	Kilo(gramm)

Kurz-Knigge

Auch in Indien hat die Moderne vieles verändert. Junge Inder haben bisweilen vor- oder außerehelichen Sex, viele Städter empfangen per Satellit Fernsehsender aus aller Welt, und indische Computerspezialisten sind weltweit gesucht. Wer aber Sanskrit spricht, dem bedeutet die Tradition meist noch etwas mehr als anderen Landsleuten. Begrüßen Sie Ihre indischen Gesprächspartner (und vor allem Frauen) lieber mit erhobenen zusammengelegten Händen als mit einem europäischen Handschlag. Sollten Sie bei einer Einladung in eine Familie der Tradition gemäß mit der Hand essen, benutzen Sie bitte nur die rechte (die linke ist „unrein"). Haben Sie Verständnis dafür, dass brahmanische Inder nicht mit Leder in Kontakt kommen wollen. Da man Leder nur herstellen kann, wenn dafür ein Tier stirbt, ist es in Jaina-Tempeln ganz verboten (auch die Geldbörse oder die Handtasche aus Leder!). Und mit Schuhen sollten Sie keinen Tempel betreten! Ansonsten tragen gepflegtes Äußeres, nicht zu freizügige Kleidung und freundliche Beharrlichkeit bei Widerständen dazu bei, respektiert zu werden. Seien Sie höflich und hängen Sie an den Namen eines Dritten, über den Sie sprechen, z. B. mahāshaya *(groß-Herz)* „Gentleman" an. Bei einer Frau heißt es entsprechend mahāshayā.

Namen & Anrede

Unserem Familiennamen ist am ehesten das jāti-nāman (etwa: *Kastenname*) vergleichbar, das bis heute in vielen Fällen auch den Beruf angibt. Beim Buddha lautete das jāti-nāman Shākya. Angehörige der ersten drei von insgesamt vier Großkasten (Brāhmana, Kshatriya, Vaishya, Shūdra) gehören zugleich zu einem gotra *(Gruppe, die sich auf einen gemeinsamen Urahn zurückführt)*. Das gotra des Buddha war Gautama.

*Viele persönliche Namen lassen sich übersetzen (*Siddhārtha *(„vollendet*-Ziel"): „der seine Ziele erreicht hat"). Manchmal spielen sie auf Götter an (*Rabīndranātha *(„Sonne*-König-Herr"): „dessen Herr König 'Sonne' ist").*

Bekannte indische „Familiennamen" sind unterschiedlichen Ursprungs: Shāstrī *(„Schriftenkundiger")* ist eigentlich ein Titel, Vaidya *(„Arzt")* ein Beruf, Singh (von simha *„Löwe"*) der Familienname vieler Angehöriger der Sikh-Religion und Thakkura *(= Tagore)* war ursprünglich ein Ehrentitel, der an den Namen angehängt wurde.

varna (m)	*(hier:)* Großkaste
jāti (w)	Kaste, Berufsgruppe
gotra (s)	Clan, Sippe

Etwa unserem „Sie" entspricht im Sanskrit bhavat. Das Wort wird ähnlich gebeugt wie mahat. Der 1. Fall lautet bhavān *(Erhabener)* für einen Mann und bhavatī *(Erhabene)* für eine Frau. Auch eine Ehefrau sagt zu ihrem Mann bhavān.

Api kushalī bhavān?
FP heilsam(m)[1] *Erhabener*[1]
Geht es Ihnen *(zum Mann)* gut?

Api kushalinī bhavatī?
FP heilsam(w)[1] *Erhabene*[1]
Geht es Ihnen *(zur Frau)* gut?

Für höher gestellte Personen ist im indischen Drama die Anrede ārya (m) *(Edler)* oder āryā (w) *(Edle)* üblich.

Ārya anugraha iveyam abhyarthanā.
Edler[8] *Gunst(m)*[*1] *wie*-diese(w)*[1] *Wunsch(w)*[1]
Edler Herr, dieser Wunsch ist (für uns) wie eine Gunst.

Unter buddhistischen Mönchen und Nonnen war die Anrede āyushmat (m) *(Ehrwürdiger)* bzw. āyushmatī (w) *(Ehrwürdige)* üblich.

Tena hy āyushman deshaya dharmam!
darum[5] *denn** *(o-)Ehrwürdiger*[8] *unterweise(Kaus)! Lehre(m)*[4]
Darum, o Ehrwürdiger, lege mir die Lehre dar!

Das dem Kausativ deshaya *zugrunde liegende Verb ist* dish.

Die folgende Liste traditioneller und moderner Anredeformen gibt die Worte nicht wie sonst in diesem Sprachführer üblich in der Stammform wieder, sondern im Anredefall (8. Fall).

bhadra! (m), **bhadre!** (w)	mein (-e) Guter (-e)!
sakhe! (m), **sakhi!** (w)	o Freund (-in)!
priya! (m), **priye!** (w)	o Lieber (-e)!
ārya! (m), **ārye!** (w)	o Edler (-e)!
āyushman! (m), **āyushmati!** (w)	o Ehrwürdiger (-e)!
deva! (m), **devi!** (w)	o Majestät! *(Anrede für Götter und Könige)*
bhagavan! (m), **bhagavati!** (w)	o Erhabener (-e)! *(Anrede an Götter)*
shrī-vaidya!, shrīmad-vaidya!	Herr Vaidya!
shrīmati-vaidya!	Frau Vaidya!
kumārī-vaidya!, sushrī-vaidya!	Fräulein Vaidya!
bhrātaro bhaginyash ca!	meine Damen und Herren!

Achtung: Bei bhavat wird meist der 1. Fall (bhavān (m) oder bhavatī (w)) zusammen mit der 3. Person des Verbs gebraucht:

Kim bhavān / bhavatī vakshyati?
welches?[4] *Erhabener*[1] / *Erhabene(wEz)*[1] *(er/sie-)wird-sagen*
Was werden Sie *(zum Mann / zur Frau)* sagen?

Begrüßen & Verabschieden

Traditionell begrüßen die Inder sich nicht per Handschlag, sondern heben die mit den Innenflächen zusammengelegten Hände vor das Gesicht (vgl. den Abschnitt „Gesten" im weiteren Verlauf dieses Kapitels). Was man dabei sagt, hängt in der Theorie davon ab, welchen Rang der Grüßende und welchen der Gegrüßte hat. Sie können aber einfach sagen:

Unbekannte, Laufende, Essende und einige andere Leute werden nach indischer Sitte nicht gegrüßt. Wenn Sie selbst aber gegrüßt werden, sollten Sie den Gruß unbedingt erwidern.

Namas te!
Verehrung(s)[1] dir[3]*
Sei gegrüßt!

Namo vah!
Verehrung(s)[1] euch[3]*
Seid gegrüßt!

Abhivādaye bhavantam / bhavatīm!
(ich-)grüße Erhabenen[4] / Erhabene[4]
Ich grüße Sie! *(zum Mann / zur Frau)*

Wenn Sie zu Hause Gäste erwarten, empfangen Sie diese mit:

Svāgatam!
gut-gekommen(s)[1]*
Willkommen!

Su-svāgatam!
gut-willkommen(s)[1]
Herzlich willkommen!

Unter dem Einfluss des Englischen sind folgende Ausdrücke entstanden:

Su-prabhātam!
gut-Morgen(s)[1]
Guten Morgen!

Su-dinam!
gut-Tag(s)[1]
Guten Tag!

Su-sāyam!
gut-Abend(s)[1]
Guten Abend!

Gacchatu punar-darshanāya!
(er/sie-)soll-gehen! (zum-)wieder-Sehen[3]
Auf Wiedersehen! *(einen Gast verabschieden)*

Sādhayāmah dhanya-vādāh.
(wir-)brechen-auf glückbringend-Worte(-habend)(mMz)[1]
Wir wollen gehen und danken Ihnen. *(wenn man selbst geht)*

Mahān anugrahah.
groß(m)[1] *Verpflichtung(m)*[1]
Ich bin Ihnen zu Dank verpflichtet. *(wenn man selbst geht)*

*In einem Drama verabschiedet sich Shakuntalās Vater mit „Deine Wege seien gesegnet" von dieser (*Shakuntalā *„Vögelchen" ist die Titelheldin eines Dramas, das Goethe sehr beeindruckt hat):*

Das Wort path (m) für „Weg" wird unregelmäßig gebeugt. Sie sollten diese idiomatische Wendung auswendig lernen, können aber in anderen Sätzen ebenso mārga (m) verwenden.

Shivās te panthānah santu!
gesegnet(mMz)[1] *deine Wege(m)*[1] *(sie-)sollen-sein!*
Deine Wege seien gesegnet!

Gesten

*Auch Gesten der westlichen Welt kommen heute vor. Bei öffentlichen Veranstaltungen wird durch Händeklatschen (*kara-tāla *(m) „Hand-Schlagen" applaudiert.*

Inder erheben zum Gruß die mit den Innenflächen zusammengelegten Hände vor dem Gesicht. Diese Geste heißt anjali (w) oder prānjali (w). Sie drückt Verehrung aus und ist auch vor Götterbildern üblich. Der Theorie nach wird die anjali je nach Rang des Grüßenden und des Gegrüßten unterschiedlich ausgeführt. Ein Brahmane soll z. B. vor einem Ksha-triya (Adligen) die Hände bis in Ohrhöhe heben, vor einem Vaishya (Kaufmann oder Bauer) aber nur in Brusthöhe.

Viele Tänzer des klassischen indischen Tanzes studieren ihre Posen an historischen Statuen, die die Außenwände der Tempel schmücken.

Ihre Verehrung drücken die Inder nicht nur durch die anjali aus, sondern auch, indem sie einen Menschen oder eine Sache im Uhrzeigersinn umschreiten, dem Verehrten also die rechte Schulter zuwenden. Dies ist die pradakshinā (w) *(Umwandlung zur rechten Seite).* Alte Lehrtexte beschreiben, wie Gläubige den Buddha verehrten, indem sie den Kopf zu seinen Füßen neigten. Das Berühren der poetisch „Lotosfüße" (padmapāda (m)) genannten Füße einer Gottheit ist für ihren Verehrer zutiefst beglückend.

Götter- und Buddhastatuen haben häufig bestimmte Handhaltungen. Jede Geste (mudrā (w)) hat eine genau festgelegte Bedeutung. Es gibt z. B. die a-bhaya-mudrā *(nicht-Furcht-Geste)*, die andeutet *„(Sei-) ohne Furcht"*, oder die va-ra-da-mudrā *(Wunsch-geben-Geste)*, die Wünsche erfüllt. Im klassischen indischen Tanz spielen 64 Handstellungen neben Mimik und 109 Körperhaltungen eine große Rolle.

Floskeln & Redewendungen

Mit folgenden Sätzen sind Sie schon für viele Situationen „gerüstet“.

ja & nein

Evam.	Satyam.	Samyak.
so	*wahr(s)*[1]	*richtig(ind)*
Ja.	Das ist wahr.	Das ist richtig.
Na.	**Naiva.**	**Mithyā.**
nicht	*nicht*-genau*	*falsch(ind)*
Nein.	Auf keinen Fall.	Das ist falsch.

Zustimmung

Bhavad-uktam / Bhavaty-uktam cintanam arhati.
Erhabener-Gesagtes(s)*[1] */ Erhabene*-Gesagtes(s)*[1] *Nachdenken(s)*[4] *(es-)ist-wert*
Über das, was Sie *(zum Mann / zur Frau)* gesagt haben, sollte man nachdenken.

Te vishayā nivedanīyā bhavanti.
diese(mMz)[1] *Dinge(m)**[1] *bemerkenswert(mMz)**[1] *(sie-)sind*
Diese Dinge sind bemerkenswert.

Shrutam vidagdha-bhāshitam.
gehört(s)[1] *klug-Geredetes(s)*[1]
Wir haben / Ich habe eine kluge Rede gehört.
(= „Klug Geredetes (ist) gehört (worden).“)

Ablehnung

Neyam me matih.
nicht-diese(wEz)*[1] *meine Meinung*[1]
Dies ist nicht meine Meinung.

Nedam asmā-drishānām yuktam.
nicht-dieses[1] uns-Ähnlichen(Mz)[2] richtig(s)[1]*
Dies gehört sich für Leute wie uns nicht.

Tad anyat.
das[1] anderes[1]*
Das ist etwas anderes.

Mithyedam.
falsch(ind)-dieses[1]*
Das ist falsch.

Gratulation

Bhavantam dishtyā vardhitavān asmi!
Erhabenen[4] (mit-)Glück[5] zum-Wachsen-gebracht-habend(m)[1] (ich-)bin
Ich *(sagt Mann)* gratuliere Ihnen *(zum Mann)*!

Bhavatīm dishtyā vardhitavaty asmi!
Erhabene[4] (mit-)Glück[5] zum-Wachsen-gebracht-habend(w)[1] (ich-)bin*
Ich *(sagt Frau)* gratuliere Ihnen *(zur Frau)*!

Das Wort vardhitavat *(zum-Wachsen-gebracht-habend) wird wie ein Eigenschaftswort verwendet und ähnlich wie* mahat *(groß) gebeugt. Diese grammatische Form wird in diesem Sprachführer nur in dieser festen Redewendung verwendet.*

Vielleicht wünschen Sie auch:

Shatam varsham bhavān / bhavatī jīvet!
hundert[4] Jahr[4] Erhabener[1] / Erhabene[1] (er/sie-)möge-leben
Sie *(Mann / Frau)* mögen hundert Jahre leben!

Freude & Erstaunen

Aho saubhāgyam!
oh! Glück(s)[1]
Welch ein Glück!

Aho āshcaryam!
oh! Wunder(s)[1]
Welch eine Überraschung!

Frage

Evam?
so
Ist das so?

Nanv etat pricchami?
denn-nicht das[4] (ich-)frage*
Darf ich Folgendes fragen?

Aham bhavantam / bhavatīm mati-gatam kimcit pricchāmi.
ich[1] Erhabener[4] / Erhabene[4] Meinung-angehend(s)[4] etwas[4] (ich-)frage
Ich möchte Sie *(zum Mann / zur Frau)* etwas fragen, was Ihre Meinung betrifft.

Vardhayasi me kutūhalam.
(du-)lässt-wachsen(Kaus) meine Neugier(s)[4]
Du erweckst meine Neugier.

Kathayatu bhavān / bhavatī savistaram!
(er/sie-)soll-erzählen! Erhabener[1] / Erhabene[1] ausführlich(U)
Bitte erzählen Sie *(zum Mann / zur Frau)* ausführlich!

eigene Meinung

Manye …	**… iti me matih.**
(ich-)denke …	*… so meine Meinung[1]*
Ich meine …	… so ist meine Meinung.

Gahano 'yam vishayah.
schwierig(m)[1] dieser[1] Ding(m)[1]*
Diese Sache ist schwierig.

Kimcid ākhyātu-kāmo 'smi / ākhyātu-kāmāsmi.
etwas[4] erzählen-Wunsch(m)[1]* (ich-)bin / erzählen-Wunsch(w)[1]*-(ich-)bin*
Ich *(sagt Mann / Frau)* möchte etwas erzählen.

bei einer Rede

Anugrihīto 'smi.
freundlich-angenommen(m)[1] (ich-)bin*
Es ist mir *(sagt Mann)* eine Ehre.

Angrihītāsmi.
*freundlich-angenommen(w)**1-*(ich-)bin*
Es ist mir *(sagt Frau)* eine Ehre.

Shrinvantu bhavantah!
(sie-)sollen-hören! Erhabene(mMz)[1]
Hören Sie *(mehrere Leute)* bitte!

Bei der Beugung von shru, shrinoti, shrinute *kann man sich an* kri, karoti, kurute *orientieren.*

Ausrufe

Es ist ziemlich schwierig, die hier genannten Ausrufe im Deutschen exakt wiederzugeben.

ā!	Ich hab's! *(sich wieder an etwas erinnern)*
āh!	Juchhu! *(Freude)*, Was soll das?! *(Unwillen)*
āha!	He! *(Vorwurf)*, Na los! *(Befehl)*, Könnte es sein ... ? *(Vermutg.)*
aho!	Wahnsinn! *(freudiges oder trauriges Staunen)*, Juchhu! *(Freude)*, Was soll das?! *(Unwillen)*, Toll gemacht! *(Lob)*, Na ja! *(Tadel)*
aye!	Ah!, Oh!, Ach!
ayi!	Ah!, Ha!
bata!	Ach! *(Erstaunen)*, O weh! *(Bedauern)*
bhoh!	Oh!, He!, Hallo! *(Anrede)*, Ach! *(im Selbstgespräch)*
dhik!	Pfui!
dishtyā!	Gott sei Dank!
hā!	Au! *(Schmerz)*, Ach! *(Erstaunen)*, Mmh! *(Behagen)*
hanta!	Wohlan! *(Aufforderung zur Tat)*, Da nimm! *(Anbieten u. a.)*
he ... !	[+8] o ... ! *(vor dem 8. Fall, dem Anredefall)*
kashtam!	O weh!
sādhu!	Bravo!, Ja!

Bitten, Danken, Entschuldigen

Das Sanskrit hält einige Möglichkeiten bereit, um eine Bitte, einen Dank oder eine Entschuldigung auszudrücken.

Bitten Unserem „bitte“ entspricht kripayā:

Wünsche kann man mit bestimmten Verben, der Wunsch- oder der Befehlsform vortragen.

Kripayā (mahyam) pustakam dehi!
(mit-)Mitleid(w)[5] (mir[3]) Buch(m)[4] gib!
Gib mir bitte das Buch!

Bhavantam / Bhavatīm prārthayāmi ...
[+4/7/Infinitiv]
Erhabener[4] / Erhabene[4] (ich-)bitte ...
Ich bitte Sie *(zum Mann / zur Frau)* ...

Kripayā bhavān / bhavatī mayy upakarotu.
(mit-)Mitleid(w)[5] Erhabener(m)[1] / Erhabene(w)[1] (in-)mir[7] (er/sie-)soll-helfen!*
Helfen Sie *(zum Mann / zur Frau)* mir, bitte.

Tava putro griham gacchet.
dein Sohn[1] (nach-)Hause[4] (er-)möge-gehen*
Dein Sohn soll bitte nach Hause gehen.

Kimcid bhoktum icchāmi.
etwas[4] essen (ich-)wünsche
Ich möchte etwas essen.

Danken **Dhanya-vādāh.**
glückbringend-Worte(mMz)[1]
Vielen Dank!

Krita-jno 'smi. / Krita-jnāsmi.
*Getanes-wissend(m/w)*1-(ich-)bin*
Ich *(sagt Mann / Frau)* bin dankbar.

Katham kārtajnam āvedayeyam?
wie? Dankbarkeit(s)4 (ich-)möge-anzeigen(Kaus)
Wie kann ich meine Dankbarkeit zeigen?

Upakritim na vismareyam.
Hilfe(w)4 nicht (ich-)möge-vergessen
Ich werde Ihre / deine Hilfe nicht vergessen.

Sich entschuldigen

Kshamyatām!
(es-)soll-verziehen-werden!
Entschuldigung!

Bhavantam / Bhavatīm dosham kshamayāmi.
Erhabener4 / Erhabene4 Fehler(m)4 (ich-)lasse-verzeihen(Kaus)
Ich bitte Sie *(zum Mann / zur Frau)* wegen des Fehlers um Nachsicht.
(„Ich veranlasse, den Erhabenen / die Erhabene, (mir) den Fehler zu verzeihen.“)

Nanv anushaya-sthānam etat.
doch-wohl Bedauern-Gelegenheit(s)1 das1*
Dies ist sicher ein Grund zum Bedauern.

Das erste Gespräch

Zwar gibt es kaum Inder, deren Muttersprache Sanskrit ist, aber vielleicht finden Sie einen Studenten oder eine Studentin, der / die „nebenher" diese Sprache studiert. Für ein erstes Gespräch werden die Kenntnisse sicher reichen.

Ko bhavān?
welcher?*[1] *Erhabener*[1]
Wer sind Sie? *(zum Mann)*

Kā bhavatī?
welche(wEz)?[1] *Erhabene(wEz)*[1]
Wer sind Sie? *(zur Frau)*

Sie können hier Ihren Namen ungebeugt einsetzen.

Kas / Kā tvam?
welcher?[1]** / welche?*[1] *du*[1]
Wer *(zu Mann / Frau)* bist du?

Aham ... [+1]
ich[1] ...
Ich bin ...

Kim te nāma?
welches?[1] *dein Name(s)*[1]
Wie heißt du?

Mama nāma ... (asti).
mein Name(s)[1] ... *(es-)ist*
Ich heiße ...

Mahān samtoshah.
groß(m)[1] *Vergnügen(m)*[1]
Es ist mir ein großes Vergnügen.

Kuta āgato bhavān / āgatā bhavatī?
woher? gekommen(m)*[1]** Erhabener*[1] */*
gekommen(w)[1] *Erhabene(wEz)*[1]
Woher kommen Sie? *(zum Mann / zur Frau)*

Jarmanī-deshāt.
(aus-)Deutschland-Land(m)[6]
(Ich komme) aus Deutschland.

Aham āstriyā-deshād āgato ’smi.
ich[1] *(aus-)Österreich-Land(m)**[6]
*gekommen(m)**[1] *(ich-)bin*
Ich *(sagt Mann)* komme aus Österreich.

Aham svit’zer’laind’-deshād āgatāsmi.
ich[1] *(aus-)Schweiz-Land(m)**[6]
*gekommen(w)**[1]*-(ich-)bin*
Ich *(sagt Frau)* komme aus der Schweiz.

Die Apostrophe in svit’zer’laind’ *an dieser Stelle stehen jeweils für ein kurzes* a, *das zwar in der Devanagari-Schrift steht, beim Sprechen aber nicht zu hören ist.*

Adhunā kva vasasi / vasatha?
jetzt wo? (du-)wohnst / (ihr-)wohnt
Wo wohnst du / wohnt ihr jetzt?

Dillī-nagare ashoke nāma jagdhyāpane.
(in-)Delhi-Stadt(s)[7] *(in-)Ashoka*[7] *namens(ind)* *(in-)Hotel(m)*[7]
(Ich wohne) in Delhi im Hotel Ashoka.

Kim artham atra āgatam bhavatā / bhavatyā?
welches?[4] *Zweck(s)*[4] *hierher gekommen(s)*[1] *(durch-)Erhabene/r(m/wEz)*[5]
Wozu sind Sie *(zu Mann / Frau)* gekommen?

Bhārata-dharmetihāsa-veditv-artham.
*Indien-Religion** *(und-)Geschichte-Kennenlernen**-*Zweck(s)*[4]
Um die Religionen und die Geschichte Indiens kennenzulernen.

Ohne Lautwechsel: dharma-itihāsa *sowie* veditu-artham. Veditum *ist der Infinitiv der Wurzel* vid *(wissen, kennen(lernen)).*

Steht darshanīya *nach* Bhārata, *kann man es als Hauptwort verstehen: „Sehenswertes in Indien"; steht es davor, ist es eine nähere Bestimmung (Attribut) zu Indien: „das sehenswerte Indien".*

Bhārata-darshanīya-darshanāya.
(zum-)Indien-sehenswert-Sehen(s)[3]
Um die Sehenswürdigkeiten Indiens anzusehen.

Vergleichen Sie dazu folgenden Satz:

Darshanīya-bhārata-darshanāya.
(zum-)sehenswert-Indien-Sehen(s)[3]
Um das sehenswerte Indien anzusehen.

Api bhavān / bhavaty āngla-bhāshāyām bhāshitum shaknoti?
FP Erhabener[1] */ Erhabene(wEz)**[1]
(in-)Englisch-Sprache(w)[7] *sprechen (er/sie-)kann*
Können Sie *(zum Mann / zur Frau)* Englisch sprechen?

Aham samskrita-bhāshāyām bhāshitum na shaknomi.
ich[1] *(in-)Sanskrit-Sprache(w)*[7] *sprechen nicht (ich-)kann*
Ich kann kein Sanskrit sprechen.

Api kushalam?
FP Wohlsein(s)[1]
Geht es Ihnen / dir / euch gut?

Api kushalī bhavān?
FP gesund(m)[1] *Erhabener*[1]
Geht es Ihnen *(zum Mann)* gut?

Api kushalinī bhavatī?
FP gesund(w)[1] *Erhabene(wEz)*[1]
Geht es Ihnen *(zur Frau)* gut?

Bhavatah kripayā kushaly / kushaliny asmi.
Erhabener[2] (mit-)Mitleid(w)[5] gesund(m/w)[1] (ich-)bin*
Danke, mir geht es gut. *(zum Mann)*

Mahān sammodo bhavato / bhavatyā darshanena.
groß(m)[1] Freude(m)[1] Erhabene/r(m/wEz)*[2] (durch-)Sehen(s)[5]*
Es freut mich sehr, Sie *(Mann / Frau)* zu sehen.

Bhavatah / Bhavatyāh kā vrittih?
Erhabene/r(m/wEz)[2] welche?(wEz)[1] Beruf(w)[1]
Welchen Beruf haben Sie? *(zu Mann / Frau)*

Wenn Sie Ihren Beruf mit Aham ... *angeben wollen, müssen die Bezeichnungen der folgenden Liste in den 1. Fall gesetzt werden.*

Aham ... *(ich[1])* [+1]	Ich bin ...
karma-cārin (m), **karma-cārinī** (w)	Arbeiter/-in
vaidya (m), **vaidyī** (w)	Arzt / Ärztin
prabanddhri (m/w)	Autor(in)
rathin (m), **rathinī** (w)	Fahrer/-in
citra-pranetri (m/w)	Filmemacher(in)
rūpa-grāhin (m), **rūpa-grāhinī** (w)	Fotograf/-in
mālin (m), **mālinī** (w)	Gärtner/-in
vanij (m)	Kaufmann
gopa (m), **gopī** (w)	Kuhhirt/-in
shilpin (m), **shilpinī** (w)	Künstler/-in
adhyāpaka (m), **adhyāpikā** (w)	Lehrer/-in
nirvāhaka (m), **nirvāhikā** (w)	Manager/-in
rakshin (m)	Polizist
yātrika (m), **yātrikā** (w)	Reisender/-e
sūcika (m)	Schneider
kārya-darshin (m), **kārya-darshinī** (w)	Sekretär/-in
vaijnānika (m), **vaijnānikī** (w)	Wissenschaftler/-in

Kalender

Die Geschichtsauffassung der Inder gilt eher als „zyklisch“ und nicht als „linear chronologisch“. Es wechseln sich Weltentstehung und Weltvergehen immer wieder ab. Im Hindi bedeutet *kal* sowohl „gestern“ als auch „morgen“. Im Sanskrit gibt es dafür allerdings zwei verschiedene Wörter. Ereignisse der indischen Geschichte exakt zu datieren, ist oft nicht möglich, da das Interesse an historischen Geschehnissen (v. a. im Vergleich zum alten China) sehr gering war. Inwieweit dies auf das Zeitgefühl der modernen indischen Städter übertragbar ist, zumal weltweite wirtschaftliche Verhältnisse ein Mindestmaß an Verlässlichkeit erfordern, ist schwierig zu beurteilen. Der Schriftsteller Khush-want Singh hat einmal ironisch von den Indern gesagt: „Jede Form von Pünktlichkeit trifft unsere tiefste Verachtung.“

Der Mondtag (tithi) *ist exakt gesagt die Zeit, die der Mond braucht, um 1/30 seines Umlaufs um die Erde zurückzulegen. Mit anderen Worten: Der Mond umkreist die Erde, legt also 360° zurück. Der dreißigste Teil davon sind 12°. Die Zeit, die der Mond braucht, um diese Strecke zu durchlaufen, ist eine* tithi. *Da er auf seinem Umlauf um die Erde nicht immer gleich schnell ist, sind diese* tithayah *in absoluter Zeit unterschiedlich lang.*

Das alte Kalendersystem

Der indische Kalender ist eine Mischung aus Mond- und Sonnenkalender. Das Jahr besteht aus 12 Mondmonaten (manchmal zuzüglich eines Schaltmonats). Jeder Monat (māsa, m) wird in 30 Mondtage (tithi, w) aufgeteilt, die im Durchschnitt kürzer als ein Sonnentag sind. Diese 30 Tage zerfallen in zwei Abschnitte zu je 15 tithayah (Mz)[1].

Ein Mondtag kann zu jeder Zeit im Laufe eines „bürgerlichen“ Tages beginnen. Dieser erhält bei alten indischen Daten die Zählung des Mondtages, der in ihm (als erster) beginnt. Ob der Mondtag am frühen Morgen, am Mittag oder am Abend beginnt, ist dabei unerheblich.

Von Vollmond zu Neumond (abnehmender Mond) reicht die dunkle Monatshälfte (krishna-paksha, m), von Neumond zu Vollmond (zunehmender Mond) die helle Monatshälfte (shukla-paksha, m). In Nordindien beginnt ein Monat meist mit dem Vollmond (also mit der dunklen Monatshälfte), in Südindien mit Neumond (helle Monatshälfte). Diese Mondmonate lassen sich nur ungefähr mit unseren Sonnenmonaten verbinden.

Monate

caitra (m)	März / April
vaishākha (m)	April / Mai
jyaishtha (m)	Mai / Juni
āshādha (m)	Juni / Juli
shrāvana (m)	Juli / August
bhādra(pada) (m)	August / September
āshvina (m)	September / Oktober
kārttika (m)	Oktober / November
mārgashīrsha (m)	November / Dezember
pausha (m)	Dezember / Januar
māgha (m)	Januar / Februar
phālguna (m)	Februar / März

Neben dem traditionellen Kalender ist heute auch der christliche in Gebrauch. Die Monate von Januar bis Dezember haben entsprechend ihrer englischen Ausspracheform den Weg ins moderne Sanskrit gefunden.

Kalender

Jahreszeiten

Meist zählt man sechs Jahreszeiten zu je zwei Monaten.

vasanta (m)	„glänzende (Zeit)“, Frühling
grīshma (m)	„Hitze“, Sommer
varsha (m)	Regenzeit, *(bedeutet auch:)* Jahr
sharad (w)	„(Zeit des) Reifens“, Herbst
hemanta (m)	„Schneezeit“, Winter
shishira (m)	„Kühle“, Vorfrühling

Jahreszahlen

Zwar nutzen die Inder heute den europäischen Kalender, aber für religiöse Feste und die sehr beliebten Horoskope wird immer noch der alte Kalender zu Grunde gelegt.

Verständlicherweise haben die Inder früher die Jahre nicht nach Christi Geburt gezählt. Sie hatten eine Fülle eigener Systeme. Bis heute werden im Allgemeinen drei Zeitrechnungen verwendet:

Vikrama	begann 58 v. Chr.; Vikrama-Jahr minus 56/57 = n. Chr.
Shaka	begann 78 n. Chr.; Shaka-Jahr plus 78/79 = n. Chr.
Īsā	Jesus *(christliche Zeitrechnung)*

Wochentage

ravi-vāra (m)	Sonntag
soma-vāra (m)	Montag
mangala-vāra (m)	Dienstag
budha-vāra (m)	Mittwoch (≠ buddha!)
guru-vāra (m)	Donnerstag
shukra-vāra (m)	Freitag
shani-vāra (m)	Samstag

Einige Wochentage können auch andere Namen tragen. Budha-vāra ist kein Schreibfehler! Das nicht allzu häufige Wort budha ist der Sanskrit-Name für den Planeten Merkur, der u. a. auch dem französischen „mercredi" *(Mittwoch)* den Namen gegeben hat.

Angesichts der gewaltigen Zeiträume, die v. a. in religiösen Schriften immer wieder auftauchen, kann es sein, dass man es im Alltag mit der Zeit schon mal nicht so genau nimmt. Rechnen Sie damit, dass Veranstaltungen nicht pünktlich beginnen, und planen Sie für einen Behördenbesuch einige Zeit ein.

Shani-vāre mama griham gamishyāmi.
(in-)Samstag[7] mein Haus[4] (ich-)werde-gehen
Ich fahre am Samstag (wieder) nach Hause.

Ein komplettes Datum könnte so lauten:

pancāshad-adhika-dvi-sahasra-samvatsare
(in-)fünfzig-vermehrt-zwei-tausend-Jahr(m)[7]
im (Vikrama-)Jahr 2050 (= 1994 n. Chr.)

caitra-krishna-paksha-prathamāyām
(in-)Caitra-dunkel-Hälfte-Erste(w)[7]
am 1. (Mondtag) in der dunklen Hälfte im Monat Caitra

soma-vāre
(in-)Montag(m)[7]
an einem Montag

An genau diesem Tag feierten die Inder ausgelassen das Holi-Fest, bei dem sie sich gegenseitig mit Wasser und meist roter Farbe bespritzen. (Sollten Sie am Holi-Tag in Indien sein, ziehen Sie bitte unbedingt alte Kleidung an!) Dieses Fest fällt jedes Jahr auf einen anderen Tag unseres gregorianischen Kalenders.

2017 fiel Holi auf den 13. März, einen Montag, 2018 auf den 2. März, einen Samstag, 2019 auf den 21. März.

Zu Gast sein

Jedes Familienmitglied hat seinen festen Platz. Ob die Tante die Schwester der Mutter oder des Vaters ist, ist deshalb auch von Bedeutung.

Hier nur die wichtigsten Verwandtschaftsbezeichnungen:

Verwandtschaft

pati (m)	Ehemann
bhāryā (w)	Ehefrau
mātri (w)	Mutter
pitri (m)	Vater
putra (m)	Sohn
duhitri (w)	Tochter
bhrātri (m)	Bruder
bhaginī (w)	Schwester
pitāmaha (m)	Großvater (väterlichers.)
pitāmahī (w)	Großmutter (väterlichers.)
mātāmaha (m)	Großvater (mütterlichers.)
mātāmahī (w)	Großmutter (mütterlichers.)
pautra (m)	Enkel (vom Sohn)
dauhitra (m)	Enkel (von der Tochter)
pautrī (w)	Enkelin (vom Sohn)
dauhitrī (w)	Enkelin (von der Tochter)
pitrivya (m)	Onkel (väterlichers.)
pitrishvasā (w)	Tante (väterlichers.)
mātula (m)	Onkel (mütterlichers.)
mātrishvasā (w)	Tante (mütterlichers.)
bhrātrīya (m)	Neffe
bhrātrīyā (w)	Nichte

atithi (m)	Gast
atitheya (m)	Gastgeber
ātithya (s)	Gastfreundschaft
upahāra (m)	Geschenk
āsana (s)	Sitz
ni-mantr, nimantrayati	einladen

Bhavantam / Bhavatīm mama grihe nimantrayāmi.
Erhabener[4]/Erhabene(wEz)[4] mein (in-)Haus(m)[7] (ich-)einlade
Ich lade Sie *(zu Mann / Frau)* in mein Haus ein.

Nach folgenden, manchmal leicht geänderten Sätzen aus indischen Dramen könnte der Besuch so verlaufen:

Die Hausfrau ermahnt ihre Familie ...

Ucitam no pratyupāsanam atithīnām.
angemessen(s)[1] wir[2] freundliche-Verehrung(s)[1] Gäste[2]
Es gehört sich für uns, die Gäste freundlich zu bewirten.

Und dann kann der Gast kommen.

Ayam / Iyam aham bhoh!
dieser[1] / diese(wEz)[1] ich[1] hallo
Hallo, ich *(sagt Mann / Frau)* bin's!

Die Antwort des Gastgebers könnte lauten ...

Āgaccha! / Āgacchata!
komm! / kommt!
Kommen Sie herein!

Bhadra / Bhadre pravisha!
(o-)Guter[8] / (o-)Gute(wEz)[8] eintritt!
Tritt ein, mein Guter / meine Gute!

Zu Gast sein

Pravishya pratigrihyatām atithi-satkārah!
eingetreten-seiend(Abs) (er-)soll-angenommen-werden! Gast-Verehrung(m)[1]
Treten Sie ein, und nehmen Sie unsere gastliche Bewirtung an!

Vielleicht fragt man den Gast …

Nanu yūyam apy anena pravasanena parishrāntāh?
denn-nicht ihr[1] *auch* (durch-)dieses*[5] *(durch-)Reisen(s)*[5] *sehr-ermüdet(mMz)*[1]
Seid ihr von eurer Reise denn nicht sehr ermüdet?

Dann wurde in früheren Zeiten Wasser zum Waschen der Füße gereicht.

Idam pādodakam bhavet.
dieses[1] *Fuß*-Wasser(s)*[1] *(es-)sei*
Dieses Wasser diene zum Füßewaschen.

Vielleicht wird die Tochter des Hauses angewiesen …

Phala-mishram arghyam upahara!
Frucht-gemischt(s)[4] *Wasser(-für-einen-Gast)(s)*[4] *herbeibring!*
Bring für den Gast Obst und Wasser herbei!

Dem Gast könnte man sagen …

Muhūrtam āsana-parigraham karotu!
Weile(-lang)[4] *Sitz-Ergreifen(m)*[4] *(er/sie-)soll-machen!*
Nimm für eine Weile Platz.

… und …

Cirāya na drishto 'si. *(zum Mann)*
lange[3] *nicht gesehen(m)**[1] *(du-)bist*
Wir haben dich lange nicht mehr gesehen.

Cirāya na drishtāsi. *(zur Frau)*
lange[3] *nicht gesehen(w)**[1]*-(du-)bist*
Wir haben dich lange nicht mehr gesehen.

Oder noch höflicher ...

Ciram a-darshanenāryasya/-āryā vayam udvignāh.
lang^{4} (durch-)nicht-Sehen(s)^{*5}-Edler^{2} / -Edle(wEz)^{2} wir^{1} traurig(mMz)^{1}
Wir sind traurig, dass wir Sie *(zu Mann / zu Frau)* lange nicht gesehen haben.

Sind Sie freundlich begrüßt worden? Dann sagen Sie z. B. ...

Bhavatām sūnritayaiva girā kritam ātithyam.
Erhabene(mMz)^{2} freundlich(w)^{5}-genau (durch-)Rede(w)^{5} gemacht(s)^{1} Gastfreundschaft(s)^{1}
Durch Ihre wirklich freundlichen Worte haben Sie *(mehrere)* Gastfreundschaft gezeigt.

Später könnten Sie bemerken ...

Ramanīyam udyānam.
entzückend(s)^{1} Garten(s)^{1}
Sie haben einen schönen Garten.

Haben Sie selbst indische Gäste, sagen Sie zum Schluss mit höflichem Understatement:

Āryāh asambhāvitātithi-satkāram.
(o-)Edle(mMz)^{8} unvollkommen*-Gast-Verehrung(s)^{1}
Verehrte Gäste, meine Bewirtung war nur unvollkommen.

Gerade in Brahmanenfamilien, die in Indien beim Sanskritsprechen meist Ihre Gesprächspartner sein werden, herrschen manchmal auch heute noch strenge Regeln für das Kochen und das Speisen. Deshalb ist eine Einladung zum Abendessen etwas Besonderes. Früher trafen sich selbst Inder untereinander kaum zum geselligen Essen.

Die Gottheit(en) auf dem Hausaltar werden ähnlich verehrt wie ein Gast: mit dem Begrüßen, dem Anbieten eines Sitzes, dem Füßewaschen usw.

Flirt & Liebe

In Indien werden Sie meist noch immer auf eine strenge Ehemoral treffen – vor allem für Ehefrauen. Von Liebesheiraten (gandharva-vivāha (m)) träumen viele, von den Eltern arrangierte Ehen sind jedoch das Übliche. Bezeichnenderweise heißt Flirt utpatha-vritti (w) *(Abweg-Handeln)*. Wenn es Sie richtig erwischt hat, können Sie sagen:

Tvām kāmaye.
dich[4] (ich-)begehre
Ich begehre dich.

Tava utkanthe.
du[2] (ich-)sehne
Ich sehne mich nach dir.

Tvayi snihyāmi.
(in-)dich[7] (ich-)hingezogen-fühle
Ich fühle mich zu dir hingezogen.
(weniger direkt)

Der Dämon Rāvana, der die schöne Sītā entführt hatte, sprach zu ihr (Wortlaut hier etwas abgeändert):

Kāmaye tvām vishāla-netre!
(ich-)begehre dich[4] groß-Auge(w)[8]
Ich begehre dich, o Großäugige!

Bahu manyasva mām priye!
viel(U) andenk! mich[4] (o-)Liebe[8]
Denk viel an mich, Geliebte!

Als König Dushyanta seinen ihm unbekannten Sohn das erste Mal sah, dachte er (Wortlaut hier etwas abgeändert):

Kimnu khalu bāle 'sminn aurasa iva putre snihyati me hridayam?
*warum? wahrhaftig (in-)Knabe[7] *dieser[7] eigen(m)*[7] wie (in-)Sohn[7] (es-)hingezogen-fühlt mein Herz(s)[1]*
Warum nur fühlt sich mein Herz zu diesem Kind hingezogen wie zu einem eigenen Sohn?

Der Gott Krishna beteuerte der Hirtin Rādhā seine Liebe:

Tvam asi mama jīvanam,
du[1] (du-)bist mein Leben(s)[1]
Du bist mein Leben,

tvam asi mama bhūshanam,
du[1] (du-)bist mein Schmuck(s)[1]
du bist mein Schmuck,

tvam asi mama bhava-jaladhi-ratnam.
du[1] (du-)bist mein Dasein-Ozean-Juwel(s)[1]
du bist mein Juwel im Ozean des Daseins.
(Der Ozean ist ein Bild für den Kreislauf der Wiedergeburten.)

Priya-hitopacārair abhīkshna-samdarshanena ca tam āvarjayet.
(durch-)lieb-freundlich-Handlungen(m)[5]* (durch-)häufig-Sehen(s)[5] und ihn[4] (sie-)möge-gewinnen(Kaus)*
Durch liebevolle, freundliche Handlungen und durch häufiges Sehen möge sie ihn für sich gewinnen.

Das Kāma-sūtra (Liebe-Leitfaden) gibt einem Mädchen, das einen bestimmten Mann für die Ehe gewinnen möchte, nebenstehenden Rat.

Übrigens: das Fürwort tat (tad) *kann im zusammengesetzten Hauptwort für „er", „sie" oder „es" (und deren gebeugte Formen) stehen.*

Pushpa-gandha-tāmbula-hastāyā vijane vikāle ca tad-upasthānam.
(mit-)Blüte-Duft-Betel-Hand(w)[5] *(in-)menschen-leer(s)*[7] *(am-)Abend(m)*[7] *und er*-Besuch*[1]*(s)*
Mit Blüten, Düften und Betelpäckchen *(zum Kauen)* in der Hand treffe sie sich mit ihm am Abend an einem menschenleeren Ort.

Na c<u>a</u>iv<u>ā</u>tur<u>ā</u>pi svayam purusha abhiyogam kurvīta.
nicht und-genau*-verlangend(w)**[1]*-auch selbst (auf-)Mann**[7] *Druck(m)*[4] *(sie-)möge-machen*
Selbst wenn sie voll Verlangen ist, bedränge sie den Mann nicht.

Angesichts dieser Ratschläge des Kāma-sūtra *ist es für Sie, wenn Sie als Frau allein reisen, ratsam, beim Flirten vorsichtig zu sein, wenn Sie nicht „mehr" wollen. Redet Ihr Flirtpartner zu viel, sagen Sie:*

Stellt die Frau fest, dass der Mann ihr ganz ergeben ist, kann sie noch vor der Heirat ihre Jungfernschaft aufgeben.

Tushnīm bhava!
still(ind) sei!
Sei still!

Mām tyaja! *(noch deutlicher)*
mich[4] *verlass!*
Lass mich allein!

Unterwegs

In den großen indischen Städten ist die Teilnahme am Verkehr ein echtes Abenteuer.

Shivās te panthānah santu!
*gesegnet(mMz)*1 deine Wege(m)1 (sie-)sollen-sein!*
Deine Wege seien gesegnet! = Gute Reise!

vāhana (s)	Fahrzeug
ratha (m)	Wagen
rathin (m) / **rathinī** (w)	Fahrer/-in
agni-taila (s) *(Feuer-Öl)*	Benzin
bhū-garbha-taila (s) *Erd-Schoß-Öl*	Erdöl
mārga (m)	Straße
loka-yāna (s) *Leute-Fahrzeug*	Bus
tvarita-yāna (s)	Express-Bus
loha-patha (m) *Eisen-Weg*	Eisenbahn
vidyuc-chakata (s) *Blitz*-Wagen*	elektrische Eisenbahn
(virāma-)sthāna (s) *(Ende-)Ort*	Bahnhof
vimāna (m)	Flugzeug
mūlya-patrikā (w) *Preis-Briefchen*	Fahrkarte
kālātipāta (m) *(Zeit*-Fehler)*	Verspätung
dvi-cakra-yāna (s) *Zwei-Rad-Fahrzeug*	Fahrrad
pāda-cārin / -cārinī (m/w)	Fußgänger/-in

Auf europäischen Karten liegt der Norden „oben“. Die Inder haben dagegen nach Osten geschaut. Daher sagen sie pūrva *(vorn) für Osten, der Westen liegt hinten, Süden und Norden rechts bzw. links.*

Unterwegs

Sie werden nur selten jemanden finden, den Sie auf Sanskrit nach dem Weg fragen können.

Aham Gāndhi-smriti-samgrahālayam anveshe.
ich Gāndhi-Erinnerung-Sammlung-Ort(m)[4] suche*
Ich suche das Gāndhi-Smriti-Museum.

Kasmin nagare Vishva-Nātha-Mandiram?
(in-)welchem(s)?[7] (in-)Stadt(s)[7] Vishva-Nātha-Tempel(s)[1]
In welcher Stadt befindet sich ein Vishva-Nātha-Tempel?

kimcid *ohne zugehöriges Hauptwort bedeutet „etwas", bezieht es sich aber wie ein Eigenschaftswort auf ein Hauptwort, übersetzt man es am besten mit „irgendein".*

Vārānasī-nagare kimcid vishrutam Vishva-Nātha-Mandiram.
(in-)Benares-Stadt(s)[7] irgendein(s)[1] berühmt(s)[1] Vishva-Nātha-Tempel(s)[1]*
In Benares gibt es einen berühmten Vishva-Nātha-Tempel.

Kva Samsāda-Bhavanam?
wo? Zusammensitzen-Haus(s)[1]
Wo ist das Parlamentsgebäude?

Dillī-nagare Samsāda-Mārge.
(in-)Delhi-Stadt(s)[7] (in-)Samsāda-Straße(m)[7]
In der Samsāda-Straße in Delhi.

Prathamam uttaram gaccha, tadā dakshinam.
zuerst (nach-)links[4] geh! dann (nach-)rechts[4]
Geh zuerst nach links, dann nach rechts.

„Lāl' Qilā" ist nicht Sanskrit, sondern ein Hindi-Wort.

Uttarāyām dishi Lāl' Qilā tishthati.
nördlicher(w)[7] (in-)Himmelsrichtung(w)[7] Lāl' Qilā(w)[1] (sie-)steht
Das „Rote Fort" befindet sich im Norden.

uttara	links, nördlich
uttaram	nach links, nach Norden
dakshina	rechts, südlich
dakshinam	nach rechts, nach Süden
pashcima	hinterer, westlich
pūrva	vorderer, östlich

Mit einem Auto durch indische Städte zu fahren, ist nicht gerade eine gemütliche Spazierfahrt!

Mahā-sammardād mārgo 'varuddhah.
*(wegen-)groß-Stau(m)*6 Straße(m)*1 versperrt(m)1*
Wegen eines großen Staus ist die Straße versperrt.

Apy anyo mārgo bhavati?
*FP anderer*1 Straße(m)*1 (er-)ist*
Gibt es einen anderen Weg?

Kva bhū-garbha-tailam kretavyam (asti)?
wo? Erd-Schoß-Öl(s)1 kaufbar(s)1 ((es-)ist)
Wo kann man Benzin kaufen?

Kadā Kalakattā-nagaram loha-patha-gāminī gacchati?
wann? (nach-)Kalkutta-Stadt(s)4 Eisen-Weg-Fahrende(w)1 (sie-)geht
Wann fährt der Zug nach Kalkutta?

*Wenn Sie eine Auto-Rikscha (*svayam-prabhava-yāna *„selbst-bewegtes Fahrzeug“) benutzen, geht es einfacher. Und für weite Wege kommen Schnellbuslinien, Eisenbahn und Flugzeug in Betracht.*

Sāyam catur-vādane.
abends (in-)vier-Stunde(s)7
Um vier Uhr nachmittags.

Aham dve mūlya-patrike kretu-kāmah / kretu-kāmā.
ich1 zwei(wZz)4 Fahrscheine(wZz)4 kaufen-Wunsch(m/w)1
Ich *(Mann / Frau)* möchte zwei Fahrscheine kaufen.

Übernachten

Das Übernachten in Indien kann sehr teuer sein (wenn Sie z. B. in einem ehemaligen Palast wohnen) oder sehr billig (etwa in einer der oft zentral gelegenen Jugendherbergen). Je nach Geldbeutel werden Sie ein ganz anderes Land kennenlernen.

Stern heißt tārā, tārakita *ist ein Eigenschaftswort in der Bedeutung „mit Sternen geschmückt“.*

upāhāra-griha (m) *Erfrischung-Haus*	Hotel
jagdhy-āpana (m) *Essen*-Markt*	Hotel
svāgata-kartri (m/w) *Willkommen-Macher*	Angestellte(r) am Empfang
tri-tārakita-jagdhyāpana (m)	Drei-Sterne-Hotel
kaksha (m)	Zimmer
kuncikā (w)	Schlüssel
yāna-petikā (w) *Reise-Kasten*	Koffer
prātar-āsha (m)	Frühstück
shaucāgāra (m) *rein*-Ort*	Toilette
snāna-kakshā (w)	Badezimmer
vas, vasati	an einem Ort bleiben, Halt machen
rātrim vas *Nacht(w)[4] bleiben*	übernachten

So könnten Sie nach einem Hotel fragen, falls Ihr Ansprechpartner Sanskrit spricht:

Api Dillī-nagare kashcit tri-tārakita-jagdhyāpano 'sti?
*FP (in-)Delhi-Stadt(s)[7] irgendeiner[1] drei-gesternt-Hotel(m)[*1] (er-)ist*
Gibt es in Delhi ein Drei-Sterne-Hotel?

Ashokam nāma jagdhyāpanam jānāmi.
Ashoka[4] namens Hotel(m)[4] (ich-)kenne
Ich kenne das Hotel „Ashoka".

Ayam vyayādhiko vishrutash ca.
*dieser[1] teuer(m)[*1] berühmt(m)[*1] und*
Es ist teuer und berühmt.

Kripayā ekam kaksham dehi!
(mit-)Mitleid(w)[5] ein(-einziges)(m)[4] Zimmer(m)[4] gib!
Geben Sie mir bitte ein Zimmer!

Trīni dināny atra vatsyāmi.
*drei(s)[4] Tage(s)[*4] hier (ich-)werde-wohnen*
Ich werde hier drei Tage bleiben.

Atra dasha dināni sthāsyāmi.
hier zehn[4] Tage(s)[4] (ich-)werde-bleiben
Ich werde hier zehn Tage bleiben.

Kadā prātar-āsho bhavishyati?
*wann? Frühstück(m)[*1] (er-)wird-sein*
Wann gibt es Frühstück?

Shvo dasha-vādana-kale.
morgen (in-)zehn-Stunde-Zeit(m)[7]*
Morgen um zehn Uhr.

Die buddhistischen Mönche, die auf Befehl des Buddha zunächst ständig auf Wanderschaft waren, suchten in der Regenzeit, in der das Umherziehen unmöglich war, Zuflucht in selbstgebauten Regenhütten oder festen Klosterbauten. Diese Klöster waren sozusagen die ältesten „Hotels" Indiens. Übrigens: der Staat Bihār hat seinen Namen von den ehemaligen buddhistischen Klöstern (vihāra) *dort.*

Die Beugung der Stammform svāgata-kartri *(auf vokalisches r* = ri *endend) wird im Grammatikteil dieses Buches nicht erläutert.*

Api mayā svāgata-kartre kuncikā dātavyā?
FP (durch-)mich[5] Willkommen-Macher(m/w)[3] Schlüssel(w)[1] zu-gebend(w)[1]
Soll ich den Schlüssel am Empfang abgeben?

Kva pānāpanam (asti)?
wo? Cafeteria(s)[1] ((es-)ist)
Wo ist die Cafeteria?

Sa pānāpanasya dvārah.
dieser[1] Cafeteria(s)[2] Tür(m)[1]*
Dort ist die Tür zur Cafeteria.

Am Empfang können Sie fragen:

Dillī-nagare kāni darshanīyāni?
(in-)Delhi-Stadt(s)[7] welche?(sMz)[1] sehenswert(sMz)[1]
Welche Sehenswürdigkeiten gibt es in Delhi?

Essen & Trinken

Bei Ihrem Indien-Aufenthalt werden Sie wahrscheinlich feststellen: Indische Speisen sind manchmal sehr scharf, sehr süß oder sehr ungewohnt, aber nie langweilig.

Kripayā sa-kshīram pīyūsham pātu-kāmah / pātu-kāmā.
(mit-)Mitleid(w)[5] mit-Milch(s)[4] Kaffee(s)[4] trinken-Wunsch(m/w)[1]
Ich *(sagt Mann / Frau)* möchte bitte Kaffee mit Milch trinken.

pac, pacati, pacate	kochen
bhuj, bhunakti, bhunkte	essen, genießen
sam-bhuj	gemeinsam Mahl halten
bhojana (s)	Essen
tandula (m)	Reis
dvidala (s)	Dāl (Suppe oder Püree aus Hülsenfrüchten)
capāti (w)	dünner Brotfladen
māmsa (s)	Fleisch
matsya (m)	Fisch
ghrita (s)	Butterschmalz
lavana (s)	Salz
marīca (s)	Pfeffer
pā, pibati, pibate	trinken
pānīya (s)	Getränk
udaka (s)	Wasser
madya (s) *Berauschendes*	*(meist:)* Wein
cāya (s)	Tee
pīyūsha (s)	Kaffee
kshīra (s)	Milch
sharakarā (w)	Zucker
vītikā (w)	Betel
gandha (m)	Geruch
rasa (m)	Geschmack
rucira	lecker
madhura	süß
tripta	satt

In vielen Kasten (vor allem den angeseheneren) ist es verpönt, Fleisch (māmsa, s) *oder Fisch* (matsya, m) *zu essen, bzw. Alkohol* (madya, s, *„Berauschendes“) zu trinken.*

Tandulah su-gandhī.
Reis(m)[1] gut-Geruch-habend(m)[1]
Der Reis riecht gut.

Gandhin *heißt „Geruchhabend“ und wird wie* rakshin *gebeugt.*

Ein Blick in die Geschichte: Seit vedischen Zeiten ist ghrita *(Butterschmalz) ein besonderes Lebensmittel. Es wurde (und wird) ins Feuer* (agni) *geopfert, und Gott Agni heißt deshalb* ghrita-pratīka *(„Butterschmalz-gesichtig"). Der auf Erden als Menschenkind geborene Gott Krishna naschte als richtiger Lausbub aus dem Butterfass seiner Ziehmutter. Bis heute ist Butterschmalz (Hindi „ghī") Grundlage vieler Gerichte.*

Bhojanasya raso rucirah.
Essen(s)[2] *Geschmack(m)**[1] *angenehm(m)*[1]
Das Essen schmeckt lecker.

Tad-annasya kim nāma?
dies-Speise(s)*[2] *welches?*[1] *Name(s)*[1]
Wie heißt dieses Gericht?

Aham tripto 'smi / triptāsmi.
ich[1] *satt(m)**[1] *(ich-)bin / satt(w)**[1]*-(ich-)bin*
Ich *(sagt Mann / Frau)* bin satt.

Und so bewirtete Āmrapāli den Buddha:

Āmrapāli-upāsikā buddha-pramukham bhikshu-sangham sva-hastam santarpayati.
Āmrapāli-Laienfrau(w)[1] *Buddha-Spitze(m)*[4] *Mönch-Gemeinde(m)*[4] *eigen-Hand(U) sattmacht(Kaus)*
Die Laienfrau Āmrapāli bedient die Mönchsgemeinde mit dem Buddha an der Spitze beim Essen selber.

Bhagavantam bhuktavantam viditvā dhauta-hastam apanīta-pātram bhagavatah purato nishannā dharma-shravanāya.
Erhabener[4] *gegessen-habend(m)*[4] *gewusst-habend(Abs) gewaschen-Hand(m)*[4] *beiseitegelegt-Essschale(m)*[4] *Erhabener*[2] *vor**[+2] *gesetzt(w)*[1] *(zum-)Lehre-Hören(s)*[3]
Sie erkannte, dass der Erhabene gegessen, die Hände gewaschen und die Essschale beiseite gelegt hatte, und setzte sich vor den Erhabenen, um die Lehre zu hören.

Der Buddha musste sich die Hand waschen, da er (wie bis heute üblich) ohne Besteck gegessen hatte.

Und heute? – Wie der Buddha sollten Sie mit der rechten Hand essen (die linke gilt als unrein). Beim Essen dürfen Mitglieder aus weniger angesehenen Kasten nicht anwesend sein. Außerdem darf der Koch nicht einer niedrigeren Kaste angehören. Das kuriose Ergebnis dieser Regel ist, dass ein Brahmane nichts essen darf, was ein Shūdra zubereitet hat. Alle Hindus dürfen aber essen, was ein Brahmane gekocht hat. Daher ist in vielen Restaurants der Koch Brahmane. Bestimmte Speisen (viele Obstsorten und in Fett Gebackenes (bharjita)) darf ein höher gestellter Hindu auch von jemandem aus einer „niedrigeren" Kaste annehmen.

Seien Sie nicht verwundert, wenn Sie getrennt von Ihren Gastgebern essen sollen. Das ist kein Zeichen von Missachtung! Ich habe es aber auch erlebt, dass unser Gastgeber uns freundlich bedient und nach uns gegessen hat.

Die großen Götter Indiens

Zu den „Wörtern" des Sanskrit, die Sie vielleicht schon kennen, gehört die nicht übersetzbare Silbe om (ॐ). Sie ist die heilige Silbe, die zunächst die Veden, dann alle religiösen Sanskrit-Schriften einleitet. In vielen Textausgaben frommer Texte steht auch:

Om shāntih shāntih shāntih.
om Frieden(w)[1] *Frieden(w)*[1] *Frieden(w)*[1]
Om, (es sei) Frieden, Frieden, Frieden.

Wenn Sie eine Götterstatue umschreiten wollen, wenden Sie ihr immer die rechte Schulter zu (vgl. Kap. „Gesten"). In den Augen der Inder ist es ein Zeichen von mangelnder Bildung, links herum zu gehen.

Es gibt vor allem zwei große Götter im Hinduismus: Vishnu und Shiva, die in verschiedenen Gestalten und in Verbindung mit anderen Göttern auftreten können. Sie werden meist nicht mit dem alten vedischen Wort für Gott (deva) bezeichnet, sondern sind „göttliche Herren" oder „göttliche Herrscher" (īshvara). Sehr häufig ist auch der Kult der „Göttin" (devī), die in verschiedenen Gestalten (Kālī, Durgā u. a.) verehrt wird. Der Buddhismus, der indischen Ursprungs ist, war jahrhundertelang in Indien selbst ausgestorben und ist dort heute vor allem durch tibetische Flüchtlinge wiederbelebt worden. Die Götter werden u. a. so angerufen:

Om namo bhagavate vāsudevāya!
*om Verehrung(s)**[1] *Erhabener*[3] *Vāsudeva(m)*[3]
Om, Verehrung sei dem Erhabenen, dem Vāsudeva (= Vishnu)!

Om maheshvarāya namah!
om groß-Herrscher(m)*[3] *Verehrung(s)*[1]
Om, Verehrung sei dem großen Herrscher (Maheshvāra = Shiva)!

der Gott Vishnu

Vielleicht haben auch Sie vor vielen Jahren in deutschen Städten den Gesang gehört:

Hare Krishna Hare Krishna, Krishna Krishna Hare Hare,
(o-)Hari[8] *(o-)Krishna*[8] ...
O Hari (= Vishnu), o Krishna, ...

Hare Rāma Hare Rāma, Rāma Rāma Hare Hare.
(o-)Hari[8] *(o-)Rāma*[8] ...
o Hari, o Rāma, ...

Dieser Vers wiederholt also nur drei verschiedene Namen bzw. Erscheinungsformen des Gottes Vishnu. Von ihnen ist es Krishna, der den Text der berühmten Bhagavad-gītā *(Erhabener-Gesang)* verkündet. Krishna heißt übersetzt „blauschwarz". Der Name kommt von der blauen Körperfarbe, die Krishna auf Bildern trägt. Zu Krishna beten die Gläubigen z. B. so:

Nach einer bestimmten Tradition soll sich der Gott Vishnu zehnmal in Lebewesen unserer Erde verkörpert haben. Die beiden berühmtesten Verkörperungen Vishnus sind Krishna *und* Rāma.

In untenstehendem Gebet werden die Worte sindhu (m) *(Meer),* bandhu (m) *(Verwandter) und* pati (m) *(Herr) im 8. Fall gebraucht. Die Beugungstabellen für diese Wörter stehen nicht im Grammatikteil.*

He Krishna karunā-sindho dīna-bandho jagat-pate,
o (o-)Krishna[8] *Mitleid-Meer(m)*[8] *notleidend-Verwandter*[8] *Welt-Herr*[8]
O Krishna, du Meer von Mitleid, du Verwandter der Notleidenden, du Herrscher der Welt,

gopesha gopikā-kānta rādhā-kānta namo 'stu te!
Hirt-Herr[8] Hirtin-Geliebter[8] Rādhā-Geliebter[8] Verehrung(s)*[1] (es-)soll-sein! dir[3]*
du Herr der Hirten, du Geliebter der Hirtinnen, du Geliebter der Rādhā, Verehrung sei dir!

Die Gruppe der Inder, die den Gott Krishna verehrt, sieht in ihm einerseits den höchsten Gott und Herrscher der Welt, andererseits erinnert sie sich an die Erzählungen von seinem Erdenleben, in dem er als Kind ein rechter Lausbub war. Als junger Mann stellte er den Hirtinnen nach und stahl ihnen beim Bad die Kleider. Seine Hauptgeliebte unter den Hirtinnen war Rādhā.

der Gott Shiva

Männliche Nachkommen sind der Stolz indischer Familien (und oft auch die Alterssicherung für die Eltern). Daher ist die Bitte um Fruchtbarkeit ein wichtiges Anliegen im Gebet an Gott.

In Indien werden Sie an vielen Orten so genannte Shiva-linga aus Ton, Stein oder Metall sehen, die mit roter Farbe und Blüten verehrt werden. Es handelt sich hier um das Symbol des männlichen Gliedes (linga (s) *„Zeichen"*, dann *„Merkmal des Mannes"*). So ruft man Shiva zur pūjā *(Andacht, Verehrungszeremonie):*

Om pinākа-dhrik ihāgaccha ihāgaccha, iha tishtha iha tishtha.
om Stab-tragend(m)[8] hier(-her)-komm! hier(-her)*-komm!, hier bleibe! hier bleibe!*
Om, o Stabtragender, komm hierher, komm hierher, bleibe hier, bleibe hier.

Iha sannidhehi iha sanniruddhasva atrādhishthānam kuru mama pūjām grihāna!
hier(-hin) eingeh! hier „sei-eingeschlossen"! hier-Aufenthalt(s)[4] mache! meine Andacht(w)[4] annimm!*
Geh in dieses Linga ein, wohne in diesem Linga, nimm hier deinen Aufenthalt, nimm meine Verehrung an!

Die Befehlsformen sam-ni-dhehi, sam-ni-ruddhasva *sowie* grihāna *werden im Grammatikteil nicht erklärt. Außerdem liegt bei der Form, die aus der Wurzel* sam-ni-rudh *(eigentlich: zurückhalten, verhindern) abgeleitet wurde, eine Spezialbedeutung („eingeschlossen sein") vor.*

Der Gott Shiva ist für die Hindus trotz der Linga-Verehrung ein großer Asket, der den Liebesgott einst im Zorn durch einen Feuerstrahl aus seinem dritten Auge verbrannt hat. Shiva wird Ihnen in Indien auch bei Tanzvorstellungen begegnen. Als „König der Tänzer" (nata-rājan), der irgendwann die Welt im Tanz zerstören wird, wird er vor jeder Vorstellung angerufen. Für die einen Gläubigen ist Vishnu, für andere ist Shiva der höchste Gott:

Guhyātiguhya goptā tvam grihānāsmat-kritam japam!
verborgen(m)[8]-sehr-verborgen(m)[8] Beschützer[1] du[1] nimm*!-wir-gemacht(m)[4] (Murmel-)gebet(m)[4]*
O Verborgener, o sehr Verborgener, du als Beschützer nimm das von uns gemurmelte Gebet an!

Siddhir bhavatu me deva tvat-prasādāt sureshvara!
Vollendung(w)[1] (sie-)soll-werden! ich[2] (o-)Gott[8] du-Gnade(m)[6] (o-)Gott*-Herr[8]*
Durch deine Gnade, o Gott, entstehe für mich die Vollendung, o Herr der Götter!

Siddhih *ist der 1. Fall von* siddhi (w) *(Vollendung). Die entsprechende Beugungstabelle fehlt im Grammatikteil.* Tvat (tvad) *steht im zusammengesetzten Hauptwort für alle Fälle von* tvam *(du).*

Zum Schluss die Verehrungsformel für den elefantenköpfigen Gott Gaṉesha *(Schar(-en) -Herr)*. Er ist ein Sohn Shivas, der Schutzgott der Anfänge (gehört also eigentlich nicht ans Ende) und Patron der Wissenschaften und Studierenden (wie z. B. der Sanskrit-Lernenden):

Shrī-Ganeshāya namah!
Segen-Scharenherr[3] *Verehrung(s)*[1]
Dem gesegneten Ganesha sei Verehrung!

Kaufen & Handeln

Inder handeln gern. Daher könnte ein Verkaufsgespräch wie folgt verlaufen, wenn die Partner Sanskrit sprechen.

Ko dashabhir mahishībhir mamemam griham krīnāti?
welcher?*[1] *zehn**[5] *(mit-)Büffelkühen(w)**[5] *ich**[2]*-dieser(m)*[4] *Haus(m)*[4] *(er-)kauft*
Wer *(zum Mann)* kauft von mir für zehn Büffelkühe dieses Haus?

Griho 'pakrishtah. Aham tam pancabhir mahishībhis tava kretu-kāmah.
*Haus(m)**[1] *minderwertig(m)*[1] *ich der*[4] *fünf**[5] *(mit-)Büffelkühen(w)**[5] *du*[2] *kaufen-Wunsch(m)*[1]
Das Haus ist nicht viel wert. Ich *(sagt Mann)* möchte es von dir für fünf Kühe kaufen.

Na dasha mahishīr dātum arhasi. Ashta dehi!
nicht zehn[4] Büffelkühe(w)[4] geben sollst acht[4] gib!*
Du brauchst keine zehn Büffelkühe zu geben. Gib Acht!

So mag es eine Weile weitergehen, bis der Kauf perfekt ist. Vielleicht klagt dann der Verkäufer (vikrayika, m):

Hanta alpa-mūlyena griha-ratnam mayā vikrītam!
wehe klein-Preis(s)[5] Haus-Juwel(s)[1] (durch-)mich[5] verkauft(s)[1]
O weh, ich habe das wertvolle Haus zu einem geringen Preis verkauft!

krī, krīnāti, krīnīte	kaufen
vi-krī, vikrīnīte	verkaufen
vanij (m)	Kaufmann
grāhaka (m)	Kunde
grāhikā (w)	Kundin
vānijya (s)	Handel
vipani (w)	Ort des Handels
dhana (s)	Reichtum, Geld
panya (s)	Ware
mūlya (s)	Preis, Wert
ucita-mūlya (s)	angemessener Preis
vyayādhika *Verlust-gesteigert*	teuer
lābha (m)	Gewinn
vikreya	verkäuflich

Ein Blick in die Geschichte: Seit alters her gehören die Kaufleute der Kaste der Vaishyas an. In der Bhagavad-gītā *(Erhabener-Gesang)* heißt es:

Krishi-gaurakshya-vānijyam vaishya-karma svabhāva-jam.
Ackerbau-Viehzucht-Handel(sEz)[1] *Vaishya-Tat(s)*[1] *Natur-geboren(s)*[1]
Ackerbau, Viehzucht und Handel sind die Taten *(das „Karman")* der Vaishyas, zu dem sie von Natur geboren sind.

Karman (s) heißt ursprüngliche „Tat". Es wird aber auch für die „Opferhandlung" gebraucht. Außerdem nennen die Inder die von ihnen angenommene Tatsache, dass gute Taten ein gutes Schicksal nach sich ziehen und schlechte Taten ein schlechtes, das „Tat"- oder Karma(n)-Gesetz. In dem hier zitierten Vers ist der Handel zugleich die „Tat" der Vaishyas als auch ihr aus früheren Taten resultierendes „Schicksal".

Über die Ehrlichkeit der Kaufleute sagt das indische Nationalepos Mahā-bhārata *(Groß-Indien) illusionslos Folgendes (Wortlaut etwas abgeändert):*

Bhūyishtham kūta-mānaish ca panyam vikrīyate janaih.
sehr-viel(U) (mit-)falsch-Maß(sMz)*[5] *und Zu-kaufendes(s)*[1] *(es-)wird-verkauft (durch-)Leute(m)*[5]
Sehr teuer und mit falschem Maß wird die Ware von den Leuten verkauft.

Die indische Literatur berichtet von manch ungewöhnlichem Kauf. Ein König, dem vor einem feierlichen Opfer das Opfertier geraubt wird, soll auf Anraten des Priesters einen Menschen finden, um ihn an Stelle des Tieres zu opfern. So sagt er zu einem Mann aus dem

Geschlechte Bhrigus (Wortlaut hier etwas abgeändert):

Go-jīvānām shata-sahasrena vikrīyate tvayā suto yadi,
Kuh-Lebewesen(mMz)^{2} hundert-tausend(s)^{5} (er-)wird-verkauft (durch-)dich^{5} Sohn(m)^{*1} wenn
Wenn dein Sohn von dir für 100.000 Kühe verkauft wird,

pashu-jīvasyārthe mahā-bhāga krita-krityo 'smi bhārgava.
Opfertier-Lebewesen(mEz)^{*2}-wegen^{+2} (o-)groß-(glücklich-)Los(m)^{8} gemacht-Pflicht(m)^{*1} (ich-)bin (o-)Bhrigu(nachkomme)(m)^{8}
habe ich, o du sehr Glücklicher, o Bhrigu-Nachkomme, meine Pflicht das Opfertier betreffend erfüllt.

Und heute? – Normalerweise wird ein Kaufmann nicht Sanskrit sprechen. Wollen Sie aber doch etwas in Sanskrit bestellen, sagen Sie:

Aham āmra-phalam kretu-kāmah / kretu-kāmā.
ich^{1} Mango-Frucht(s)^{4} kaufen-Wunsch(m/w)^{1}
Ich *(Mann / Frau)* möchte eine Mango kaufen.

Api tad vikreyam?
FP das^{*1} verkäuflich(s)^{1}
Ist das verkäuflich? = Kann man das kaufen?

Apy āmra-phalānīdānīm upalabhyante?
FP Mango-Früchte(s)^{*1}-jetzt (sie-)werden-erlangt*
Sind im Augenblick Mangos erhältlich?

Wenn der Verkäufer Ihnen von einer Ware genug abgewogen hat, sagen Sie kurz „Es ist genug."

Alam.
genug
Es ist genug.

Kim tad-mūlyam?
welches?[1] dieses-Preis(s)[1]*
Wie viel kostet es?

Wenn Sie mit dem Preis einverstanden sind, sagen Sie:

Tad-dravyasya mūlyam ucitam.
dieses-Sache(s)[2] Preis(s)[1] angemessen(s)[1]*
Der Preis dieser Sache ist angemessen.

Die Kunst des Stehlens

Ich erzähle Ihnen von diesem Text nicht, weil ich denke, die Inder seien unehrlicher als andere Völker, sondern weil ich es für ungewöhnlich halte, dass es dieses Lehrbuch überhaupt gibt!

Man kann nicht nur auf legalem Weg – durch Handel – an das Vermögen anderer Leute kommen, sondern auch durch Diebstahl. Und da es in Indien für fast alles ein Lehrbuch gibt, können Sie in dem Shan-mukha-kalpa ((m) *„sechs-Gesicht-Verfahren"*, d. h. das „Verfahren, das (der Gott) mit den sechs Gesichtern (lehrt)") alles Notwendige nachlesen. Shan-mukha *(Sechs-Gesicht)* ist ein anderer Name für den Gott Skanda, eines Sohnes von Shiva. Dass der Einbruch in ein Haus tatsächlich eine Kunst ist, sehen Sie an diesem gekürzten Textstück:

Caurya-shāstram kartu-kāmah,
Diebstahl-Anleitung(s)[4] machen-Wunsch(m)[1]
Wer die Anleitung zum Diebstahl ausführen will,

kudye simha-mukham likhitvā
rākshasa-mukham vā likhitvā
(auf-)Wand(s)[7] Löwe-Maul(s)[4] gezeichnet-habend(Abs) Dämon-Maul(s)[4] oder gezeichnet-habend(Abs)
soll auf der Wand ein Löwenmaul oder das Maul eines Dämonen vorzeichnen

tatraiva yogena tādayet.
dort-genau (mit-)Konzentration(m)[5] (er-)möge-schlagen*
und genau dort mit Konzentration schlagen.

Und auf folgende Weise kann man sich eine Brechstange besorgen:

Shmashāna-loham nishkritya shaktih kartavyā.
Leichenstätte-Eisen(m)[4] „weggemacht"-habend(Abs) Speer(w)[1] zu-machend(wEz)[1]
Einen eisernen Schürhaken („Leichenverbrennungseisen") soll man wegnehmen und einen Speer daraus machen.

Die Beugung der weiblichen Hauptwörter auf -i *(hier:* shakti *„Speer") wird im Grammatikteil nicht eigens erläutert.*

Tayā kudyam shumbhati, chidram bhavati.
(mit-)dieser(w)[5] Wand(s)[4] (er-)verletzt Riss(s)[1] (es-)wird
Damit verletzt er die Wand und ein Riss entsteht.

Für den Dieb, der nicht durch die Wand in ein Haus gelangen will, sondern durch die Tür, hält der Text nebenstehenden Rat bereit.

Kapātodghātanam kartu-kāmah,
Tür Öffnen(s)[1] machen-Wunsch(m)[1]*
Wer das Öffnen einer Tür bewerkstelligen will,

Im Haus muss der Dieb (wie eigentlich bei jeder seiner Handlungen) einen bestimmten Zauber ausführen, um das Geld zu finden.

kīlakam grihītvā kapātam sprishet, avadhūyate, tālakam samsprishet, udghātayati.
Keil(m)[4] ergriffen-habend(Abs) Tür(m)[4] (er-)möge-berühren (er-)wird-bewegt Schloss(m)[4] (er-)möge-kräftig-berühren (er-)öffnet
soll einen Keil nehmen und an der Tür anlegen. Er (= der Keil) wird hin- und herbewegt. Er (= der Dieb) soll das Schloss kräftig berühren, und er kann es öffnen.

Kudya-gatam dravyam jānāti prabhūtam alpam vā.
Wand-gegangen(s)[4] Geld(s)[4] (er-)weiß viel(s)[4] wenig(s)[4] oder
Er findet das Geld, das sich in der Wand befindet, sei es viel oder wenig.

Tala-prahāram dattvā dravyam nishkrāmya tishthati.
Handfläche-Schlag(m)[4] gegeben-habend(Abs) Geld(s)[1] zum-Herauskommen-veranlasst-habend(KausAbs) (er-)„steht"
Man führt einen Schlag mit der Handfläche aus und wartet, bis das Geld herauskommt.

Im Diebesleben läuft natürlich nicht alles glatt. Das Lehrbuch gibt auch Anweisungen für den Fall, dass der König mit Soldaten aufgebrochen ist, eine Diebesbande zu fangen:

Skandhāvāre 'vasvāpanam kartu-kāmah,
(in-)königliches-Feldlager(m)[7] Einschlafen(s)[4] machen-Wunsch(m)[1]*
Wer das Einschlafen eines königlichen Feldlagers bewirken will,

devānga-pushpam pancānga-kundam bhasma ca pate baddhvā dāhayet.
Devānga-Blüte(s)[4] Pancānga-Jasmin(m)[4] Asche(s)[4] und (in-)Tuch(m)[7] gebunden-habend(Abs) (er-)möge-verbrennen(Kaus)
soll Devānga-Blüten, Pancānga-Jasmin und Asche in ein Tuch binden und verbrennen.

Dhūpam yo jighrati sarva-skandhāvāram rajānam ca stambhayati, svapanti ca.
Rauch(m)[4] welcher[1] (er-)riecht ganz-königliches-Feldlager(m)[4] König(m)[4] und (er-)lässt-erstarren(Kaus) (sie-)schlafen und*
Wer diesen Rauch riecht, lähmt das ganze königliche Feldlager und den König. Und sie schlafen.

Ghrā *(riechen) hat einen unregelmäßigen Gegenwartsstamm* (jighra-), *wird aber „thematisch" gebeugt.*

Obwohl das Lehrbuch Zauber kennt, die unsichtbar oder unverwundbar machen sollen, kommt es vor, dass ein Dieb erwischt und verwundet wird. Dazu rät das Buch:

Prahara-samkrāmanam kartu-kāmah,
Wunde-Vereinigung(s)[4] machen-Wunsch(m)[1]
Wer das Verschließen einer Wunde bewirken will,

Das spezielle Basilikum tulasī *ist nicht nur eine heilige Pflanze, sondern wirkt auch gegen Entzündungen. Auch Kusha-Gras ist heilig.*

tulasyā vā karpāsyā vā kushena vā samkrāmayati.
(mit-)Basilikum(w)[5] oder (mit-)Baumwoll(-binde)(w)[5] oder (mit-)Kusha-Gras(m)[5] oder (er-)vereinigt
verschließt sie mit Basilikum, Baumwollbinden oder Kusha-Gras.

Bank & Geld

Auf einer Bank werden Sie mit Englisch sicher besser zurechtkommen als mit Sanskrit. Theoretisch könnten Sie sagen:

Aham dhanam parivartayitu-kāmah / parivartayitu-kāmā.
ich[1] Geld(s)[4] eintauschen-Wunsch(m/w)[1]
Ich *(sagt Mann / Frau)* möchte Geld tauschen.

Alexander der Große stieß bis zum Indus vor. So konnte das griechische Wort dīnāra *zum Namen einer nordindischen Währung werden.*

dhana (s)	Geld
rūpyaka (s)	Rupie
rūpya (s)	(Münzgeld aus) Silber
dīnāra (m)	Dinar
nikshepāgāra (m) *Spar*-Haus*	Bank
artha-nidhi-samsthā (w) *Besitz-Reichtum-Institution*	Bank
pari-vrit, pari-vartayati (Kaus)	umtauschen
āya-vyaya (m)	Einnahmen und Ausgaben
āya-vyaya-vivarana (s)	Aufstellung der Einnahmen u. Ausgaben
shulka (s)	Gebühr
vetana (s)	Gehalt

Kim parivartanasya shulkam?
welches? Umtauschs(s)[2] Gebühr(s)[1]
Wie hoch ist die Gebühr für den Umtausch?

Kripayā rūpyakānām sahasram bhavān / bhavatī me dadātu.
(mit-)Mitleid(w)[5] *Rupien(s)*[2] *tausend(s)*[4] *Erhabener*[1] / *Erhabene(wEz)*[1] *mir (er/sie-)soll-geben*
Geben Sie *(zum Mann / zur Frau)* mir bitte tausend Rupien.

Api bhavān / bhavatī deya-patram grihnāti?
FP Erhabener[1] / *Erhabene(wEz)*[1] *Schuld-Brief(s)*[4] *(er/sie-)ergreift*
Nehmen Sie *(zum Mann / zur Frau)* einen Scheck an?

Ein Blick in die Geschichte: Indien war jahrhundertelang in kleinere oder größere Staaten aufgeteilt. Daher gab es auch zahllose Währungen.

Zu Buddhas Zeiten wurde am Ganges mit kārshāpana bezahlt. Allerdings durften seine Mönche kein Geld annehmen, ja nicht einmal anfassen (der Wortlaut ist hier etwas abgeändert):

Yah punar bhikshu-narah sva-hastam rūpyam sprishet, nihsargikā-pātayantikā.
welcher[1] *wieder Mönch-Mann(m)*[1] *eigen-Hand(U) Münzgeld(s)*[4] *(er-)möge-berühren [bestimmte Art von Sünde]*
Wenn nun ein Mönch mit eigener Hand Münzgeld berühren sollte, ist das eine Sünde.

Moderne Sanskritwörter im Hindi

Obwohl viele Hindi-Fremdwörter aus dem Sanskrit kommen, gebraucht man im Sanskrit manchmal abweichende Wörter. Außerdem gibt es im Hindi im Gegensatz zum Sanskrit keine Hauptwörter, die der Grammatik nach sächlich sind.

Für die modernen nordindischen Sprachen, unter denen das Hindi die wichtigste ist, spielt das Sanskrit eine ähnliche Rolle wie für die europäischen Sprachen das Latein oder das Altgriechische. Es werden damit neue Begriffe, vor allem im Bereich der Wissenschaften, geprägt. Wir sagen z. B. Biologie = *„Kunde vom Leben“* (von den griechischen Wörtern „bios“ *(Leben)* und „logos“ *(Kunde)*. Im Hindi sagt man jīva-vijnāna. Das leitet sich von den Sanskrit-Begriffen jīva *(Leben)* und vijnāna *(Wissen(-schaft))* ab.

Sanskrit-Begriffe im Haushalt

Prashītitra *(Kühlschrank) ist im Sanskrit sächlich, im Hindi männlich.* Dūra-darshana *ist im Hindi der Name des staatlichen Fernsehprogramms.*

ādhunika	modern
ātma-cālita *selbst-bewegt*	automatisch
prashītitra (s) *Kühlinstrument*	Kühlschrank
dūra-darshana (s) *fern-Sehen*	Fernsehen
ākāsha-vānī (w) *Luft-Stimme*	Radio
dūra-bhāsha (m) *fern-Sprecher*	Telefon
chāyā-citra (s) *Schatten-Bild*	Foto
(bhā-)citra-pratilipi (w) *(Licht-)Bild-Zeichnung*	Fotokopie
cala-citra (s) *Bewegen-Bild*	Film

ganana-yantra (s)	Rechenmaschine
Rechnen-Maschine	
samganaka (s)	Computer
Zusammenrechner	
vidyut (w)	Elektrizität, Strom
Blitz	

Bezeichnungen aus dem Bereich der Wissenschaften

vishva-vidyālaya (m)	Universität
Alles-Wissen-Ort*	
jīva-vijnāna (s)	Biologie
Leben-Wissen(-schaft)	
bhautikī(ya)-vidyā (w)	Physik
Element-Wissen(-schaft)	
bhū-garbha-vijnāna (s)	Geologie
Erd-Schoß-Wissen(-schaft)	
ātma-vidyā (w)	Metaphysik
Seele-Wissen(-schaft)	

Oft gibt es neben den Sanskritbegriffen im Hindi auch aus dem Englischen entlehnte Wortschöpfungen. Manche Ausdrücke sind aber auch nur im Sanskrit gebräuchlich:

nur im Sanskrit übliche moderne Ausdrücke

svayam-pāka (m)	Schnellkochtopf
Selbst-Kocher	
rūpa-grahana (s)	Fotografieren
Form-Ergreifen	
āloka-lekhya (s)	Foto
Licht-Gezeichnetes	
āloka-lekhya-yantra (s)	Fotoapparat
Licht-Gezeichnetes-Gerät	

Behörden

Auch bei Behörden gilt: Mit Englisch kommt man weiter als mit Sanskrit. Zeigen Sie im Umgang mit den Behörden immer Geduld und Beharrlichkeit!

Kripayā aham kārya-darshinam vaktu-kāmah / vaktu-kāmā.
(mit-)Mitleid(w)[5] *ich*[1] *Sekretär(m)*[4] *sprechen-Wunsch(m/w)*[1]
Ich *(sagt Mann / Frau)* möchte bitte mit dem Sekretär sprechen.

Kva mayā hastāksharam kartavyam?
wo? (durch-)mich[5] *Hand*-Buchstabe(s)*[1] *zu-machend(s)*[1]
Wo muss ich unterschreiben?

kāryālaya (m) *Geschäft*-Ort*	Amt, Büro
sarva-kāra-kāryālaya (m) *alle-Angelegenheit-Amt*	Regierungsbehörde
vaideshika-pratinidhi-kāryālaya (m) *Ausländisch-Vertreter-Amt*	Konsulat
pradūtālaya (m) *Gesandter*-Ort*	Konsulat
ghoshanā (w)	Bekanntmachung
kārya-darshin (m) *Geschäft-(auf-)zeigender(m)*	Sekretär

kārya-darshinī (w)	Sekretärin
Geschäft-(auf-)zeigende(w)	
patrāgāra (m)	Post
Brief-Haus*	
lekha-vāhana-mūlya (s)	Porto
Geschriebenes-Beförderung-Preis	
patra (s)	Brief
hastākshara (s)	Unterschrift
Hand-Buchstabe*	
rakshi-bhavana (s)	Polizeistation
rakshin (m) / **rakshinī** (w)	Polizist/-in
Beschützer(m)/-in(w)	
nagara-bhavana (s)	Stadthalle
samgrahālaya (m)	Museum
Sammlung-Ort*	
pātha-shālā (w)	Schule
Lese-Saal	
bālodyāna (s)	Kindergarten
Kind-Garten*	

Polizei

Kimcid rakshi-bhavanam kva?
irgendein(s)[1] Polizei-Haus(s)[1] wo?*
Wo ist eine Polizeistation?

Kripayā bhavān / bhavatī rakshinam ānayatu!
(mit-)Mitleid(w)[5] Erhabener[1] / Erhabene(wEz)[1] Polizist(m)[4] (er/sie-)soll-herbeibringen!
Holen Sie *(zu Mann / Frau)* bitte einen Polizisten!

Mama dhanam coritam.
mein Geld(s)[1] gestohlen(s)[1]
Mein Geld wurde gestohlen.

Post & Telefonieren

Früher konnte sich nicht jeder Boten (dūta, m) leisten, um seine Briefe transportieren zu lassen. Manchmal übermittelten Wandermönche auch Nachrichten.

Gacchat *heißt „gehend" und wird fast so gebeugt wie* mahat.

Jarmanī-desham gacchatah patrasya kim mūlyam asti?
(nach-)Deutschland-Land(m)[4] gehend(s)[2] Brief(s)[2] welches?[1] Preis(s)[1] (es-)ist
Wie teuer ist ein Brief nach Deutschland?

Kadāstriyā-desham patram gamishyati?
wann?-(nach-)Österreich-Land(m)[4] Brief(s)[1] (es-)wird-gehen*
Wann geht der Brief nach Österreich ab?

Kadā svit'zer'laind'-deshe patram āgatam bhavishyati?
wann? (in-)Schweiz-Land(m)[7] Brief(s)[1] angekommen(s)[1] (es-)wird-sein
Wann wird der Brief in der Schweiz ankommen?

Telefonieren aus dem Hotel ist in Indien teuer. Billiger sind öffentliche Telefone, falls Sie nicht gleich Ihr eigenes Handy mitbringen.

Atra kashcid dūra-bhāshah kvāsti?
hier irgendeiner[1] fern-Sprecher(m)[1] wo*-(er-)ist*
Wo gibt es hier ein Telefon?

Krank sein

Ärzte stammen traditionell aus dem Brahmanenstand. Trotzdem müssen sie nicht unbedingt Sanskrit sprechen. Probieren Sie einfach aus, ob Ihr Arzt Sie versteht!

vyādhita	krank
roga (m)	Krankheit
ārogya (s)	Gesundheit
vaidya (m) / **vaidyī** (w)	Arzt / Ärztin
āyur-veda (m)	traditionelle
(langes-)Leben-Wissen	indische Medizin
roga-pratīkara-shālā (w)	Krankenhaus
Krankheit-Bekämpfung-Saal	
cikitsā-shālā (w)	Krankenhaus
Behandlung-Saal	
aushadhālaya (m)	Apotheke
Medikament-Ort*	
bheshajāpana (m)	Apotheke
Medizin-Laden*	

Der Körper

bāhu (m)	Arm
hasta (m)	Hand
pāda (m)	Fuß, Bein
sharīra (s)	Körper
munda (m)	Kopf
mukha (s)	Mund, Gesicht
netra (s)	Auge
karna (s)	Ohr
hridaya (s)	Herz
rakta (s)	Blut

Krank sein

Untersuchung & Behandlung

rakta-noda (m)	Blutdruck
hrit-kampa-mānin (m) *Herz-Zittern-Messendes*	Stethoskop
pattikā (w)	Verband
aushadha (s)	Medikament
aushadha-mātrā (w) *Medikament-Maß*	Dosis

Krankheiten

shiro-vedanā (w)	Kopfschmerzen
jvara (m)	Fieber
shīta-jvara (m) *kalt-Fieber*	Malaria
gudāvarta (m)	Verstopfung
grahanī-roga (m)	Durchfall
vamana (s)	Erbrechen
jala-dosha (m)	Erkältung
asthi-trotana (s)	Knochenbruch

Kripayā vaidyam ānayata!
(mit-)Mitleid(w)[5] Arzt(m)[4] herbeibringt!
Holt bitte einen Arzt!

Ārya me ko rogo 'sti?
Edler[8] ich[2] welcher?[1] Krankheit(m)*[1] (er-)ist*
Mein Herr, welche Krankheit habe ich?

Mama shiro-vedanāsti.
ich[2] Kopf-Schmerz(w)*[1]-(sie-)ist*
Ich habe Kopfschmerzen.

Kim aushadham kretavyam?
welches?[1] Medikament(s)[1] zu-kaufend(s)[1]
Welches Medikament sollte man kaufen?

Ein Blick in die Geschichte: Ein medizinischer Text definiert (Wortlaut etwas geändert):

Vikāro dhātu-vaishamyam, sāmyam svāsthyam ucyate.
Krankheit(m)[*1] *„Körpersaft"-Störung(s)*[1] *Gleichgewicht(s)*[1] *Gesundheit(s)*[1] *(es-)wird-gesagt*
Die Störung der Körpersäfte wird Krankheit, ihr Gleichgewicht Gesundheit genannt.

Trayo rogā iti: nijāgantu-mānasāh.
drei(m)[*1] *Krankheit(mMz)*[*1] *so: innerlich*-(von-außen-)kommend-psychisch(mMz)*[1]
Es gibt drei Arten von Krankheiten: im Inneren entstehend, von außen kommend, und psychisch verursacht.

Nijah sharīra-dosha-samutthah.
innerlich(m)[1] *Körper-„Körpersaft"-entstanden(m)*[1]
Eine innerliche Krankheit entsteht aus (einer Störung) der „Säfte" des Körpers.

In der traditionellen indischen Medizin werden drei wesentliche „Körpersäfte" (dosha) unterschieden: Wind (vāta, m), Galle (pitta, s) und Schleim (shleshman, m, oder kapha, m).

Āgantu-rogo bhūta-visha-vāyv-agni-samprahārādi-samutthah.
(von-außen-)kommend-Krankheit(m)[*1] *Dämon-Gift Wind* Feuer-Schlag*-Anfang-entstanden(m)*[1]
Eine von außen kommende Krankheit entsteht durch Dämonen, Gift, Sturm, Feuer, Schläge usw.

Das Wort ādi *(Anfang) steht für unser „usw."*.

Krank sein

Nach dem Verständnis des Āyur-veda *ist Krankheit u. a. eine Folge falschen moralischen Verhaltens in der Vergangenheit. Das Schicksal der Lebewesen wird mitbestimmt durch frühere gute oder schlechte Taten (*karman, s, *„Tat“). Es ist wichtig, dass der Arzt auch solche Zusammenhänge berücksichtigt.*

Mānasah punar ishtasya lābhāl lābhāc cānishtasyopajāyate.
psychisch(m)[1] wieder erwünscht(s)[2] (aufgrund-)Erhalten(m)[*6] (aufgrund-)Erhalten(m)[*6] und*-unerwünscht(s)[2] (er-)entsteht*
Eine psychische Krankheit wiederum kann dadurch entstehen, dass man etwas Erwünschtes oder etwas Unerwünschtes erreicht.

Von den vielen Behandlungsmethoden des Āyurveda kennen Sie vielleicht schon die Ölmassage.

Snehābhyangād bhavaty aksho dridhah klesha-saho yathā,
Öl-Einreiben(m)[*6] (er-)wird* Wagenachse(m)[*1] stark(m)[1] „Leid“-ertragend(m)[*1] wie*
Wie eine Wagenachse durch Einfetten stark und belastbar wird,

tathā sharīram abhyangād dridham su-carma ca jāyate.
*so Körper(s)[1] Einreiben(m)[*6] stark(s)[1] schön-Haut(s)[1] und (es-)wird*
so wird der Körper durch Einreiben (mit Öl) stark und von weicher Haut.

Varam … na … *heißt „(es ist) besser … als …“.*

Varam ātmā huto, 'jnena na cikitsā pravartitā.
besser(U) Selbst(m)[1] geopfert(m)[1] (durch-) unwissend(m)[5] nicht Behandlung[1] durchgeführt(w)[1]*
Es ist besser, sich selbst zu opfern, als dass eine Behandlung von einem Unwissenden durchgeführt wird.

Es kann sein, dass ein ayurvedischer Arzt Ihnen Yoga-Übungen empfiehlt. Diese stammen ursprünglich nicht aus der Medizin, sondern sind aus philosophischen Erwägungen entwickelt worden. Vielleicht haben Sie in diesem Zusammenhang schon von den cakra (m) gehört. Der Lehre nach gibt es im menschlichen Körper sechs bis sieben „Zentren" (am Boden des Rumpfes, bei den Geschlechtsorganen, im Bereich des Nabels, in Herzhöhe, bei der Kehle, an der Nasenwurzel, am Schädeldach), die Sitze für eine jeweils besondere Form der Lebensenergie (prāna, m, *Atem*) sind. Durch Yoga-Übungen wird der natürliche Fluss der Lebensenergie unterstützt.

Der Begriff Yoga ist von seiner Herkunft her mit dem deutschen Wort „Joch" verwandt: wie in einem Joch die Ochsen angespannt werden, so soll durch Yoga der menschliche Geist „gebändigt" werden.

Toilette & Co.

Die Toiletten in Indien entsprechen nicht immer unseren Verhältnissen. In den touristisch erschlossenen Orten sind sie in Hotels und guten Restaurants sauber, aber auch dort kann es vorkommen, dass mit einem Eimer Wasser nachgespült werden muss. In abgelegeneren Orten werden Sie unter Umständen gar keine öffentliche Toilette finden.

Kva shaucāgāro 'sti?
*wo? Toilette(m)[*1] (er-)ist*
Wo ist die Toilette?

Ein Blick in die Geschichte: In der buddhistischen Ordensregel heißt es (verkürzt) so:

Da die Inder sich mit der linken Hand säubern, gilt sie als unrein. Beim Essen mit der Hand also bitte immer nur die rechte benutzen!

Nāglānā udaka uccāra-prasrāvam viriktam chorayishyāmah.
nicht-nicht-krank(mMz)[1] (in-)Wasser(s)[*7] Stuhl-Urin(m)[4] ausgeschieden(s)[4] (wir-)werden-ausscheiden*
Wenn wir nicht krank sind, werden wir Stuhl, Urin oder (etwas anderes) Ausgeschiedenes nicht ins Wasser ablassen.

Heißt das: Kein Wasserklosett für Ordensleute? Nicht unbedingt; denn der Buddha soll auf dem Sterbelager erlaubt haben, „kleinere" Gebote aufzuheben. Jainistische Mönche, die eine ähnliche Regel kennen, sind hierbei strikter.

snāna (s)	Baden (auch als religiöser Akt)
snāna-kakshā (w)	Badezimmer
shaucāgāra (m) *rein*-Haus*	Toilette
jalam vi-srij, vi-srijati, vi-srijate *Wasser lassen*	urinieren
mūtra (s)	Urin
malotsarga (m) *Schmutz*-Ausscheidung*	Stuhl

Schimpfen, Fluchen & Beleidigen

Folgende Anreden (im 8. Fall, jew. für Männer und Frauen) sind wenig schmeichelhaft; verwenden Sie diese deshalb besser nicht!

vācāla! (m), **vācāle!** (w)	Schwätzer(in)!, Angeber(in)!
durmukha! (m), **durmukhi!** (w)	„Schandmaul!", jem. mit böser Zunge
mūdha! (m), **mūdhe!** (w)	Dummkopf!, Einfaltspinsel!
mūdhatama! (m), **mūdhatame!** (w)	Obertrottel!
bāla! (m), **bāle!** (w)	Kind(skopf)!
mitam-paca! (m), **mitam-pace!** (w) *abgemessen-kochend*	Geizkragen!

Fluchen ist im Sanskrit nicht nur Ausdruck großer Verärgerung, sondern ein religiöser Akt. Je mächtiger der Fluchende ist, desto schlimmere Auswirkungen hat sein Fluch (shāpa, m).

durjana! (m)	Bösewicht! *(weibliche Form ungebräuchlich)*
dhik-krita! (m), **dhik-krite!** (w) *pfui-gemacht*	Schmutzfink!
dveshya! (m), **dveshye!** (w) *Hassenswerte(r)*	Widerling!
dhūrta! (m), **dhūrte!** (w)	Betrüger(in)!, Gauner(in)!
candāla! (m), **cāndāla!** (m) / **cāndāli!** (w)	Abschaum!, Prolet! *(eigentl.: Angehöriger einer verachteten Kaste)*
mleccha! (m), **mlecchi!** (w)	Barbar!, (ungebildeter) Fremder!

Die weibliche Form cāndāli! *wird auch für Frauen am Anfang ihrer Periode benutzt.*

Aham tvayi shāpam ādishāmi.
ich[1] (in-)dich[7] Fluch[4] (ich-)anrichte
Ich stoße einen Fluch gegen dich aus.

Aham tvām shapāmi.
ich[1] dich[4] (ich-)verfluche
Ich verfluche dich.

Der Fluch, der gegen Shakuntalā *ausgestoßen wird, lautet (verkürzt):*

Vicintayantī yam an-anya-mānasā,
denkend(w)[1] den(m)[4] nicht-anderer-Herz(-betreffend)(w)[1]
Der, an den du denkst und (außer dem du) keinen anderen im Herzen hast,

smarishyati tvām na sah.
(er-)wird-erinnern dich[4] nicht dieser[1]
er soll sich deiner nicht mehr erinnern.

Da ein Fluch nicht der passende Schluss für ein Buch ist, wünsche ich Ihnen viel Freude beim Sanskrit-Lernen und sage:

Bhavatv idānīm etāvat.
(es-)soll-sein! jetzt bis-hierher*
So viel für den Augenblick.

Literaturhinweise

Die meiste brauchbare Literatur zum Thema Sanskrit ist in englischer Sprache verfasst. Die unveränderten Nachdrucke der alten deutschen Sanskrit-Klassiker werden aber teilweise noch immer im Hochschulunterricht verwendet und sind mittlerweile (als „Print on Demand“) wieder zu kaufen:

Die hier genannten Bücher / Schriften sind nicht über den REISE KNOW-HOW VERLAG *erhältlich.*

- **Bühler, Georg: Leitfaden für den Elementarkursus des Sanskrit.** Wien, 2. Auflage 1927 (Reprint: Wissenschaftliche Buchgesellschaft Darmstadt, 1981). *(für Sprachwissenschaftler, ziemlich unübersichtlich, noch in Vor-Duden-Orthographie!)*
- **Stenzler, Adolf Friedrich: Elementarbuch der Sanskrit-Sprache. Grammatik – Texte – Wörterbuch.** Walter de Gruyter Berlin u. a., korrigierte und verbesserte Auflage 14, 2003. *(eine sehr knapp gehaltene Lehrgrammatik, für das Selbststudium ungeeignet, dennoch ein Klassiker)*
- **Guhe, Eberhard: Einführung in das klassische Sanskrit. Lehrbuch mit Übungen.** Harrassowitz Wiesbaden, 2013. *(visuell moderne freie Adaptation des Stenzler, sehr übersichtlich)*
- **Stiehl, Ulrich: Sanskrit-Kompendium. Ein Lehr-, Übungs- und Nachschlagewerk.** Heidelberg, 2011. *(aus Unterrichtsmaterialien entstanden, gibt es in Umschrift und in Devanagari)*
- **Mylius, Klaus: Wörterbuch Sanskrit-Deutsch Deutsch-Sanskrit.** Harrassowitz Wiesbaden, 2005. *(früher bei VEB Leipzig)*

Und hier noch ein herausragendes neues Lehrwerk in englischer Sprache: **A. M. Ruppel: The Cambridge Introduction to Sanskrit.** *Cambridge University Press, 2017. (benutzerfreundlich gestaltet, didaktisch modern, keine altsprachlichen Vorkenntnisse erforderlich, aber dennoch wissenschaftlich exakt)*

Verbübersicht

Die Übersicht listet die wichtigsten Verben mit den wichtigsten Verbformen auf, mit denen man sich schon gut verständigen kann. Kursive Formen werden selten gebraucht. Für Gegenwart und Kausativ ist jeweils die 3. Person Einzahl angegeben („er/sie/es"), und zwar für Aktiv (Endung -ti) und Medium (Endung -te), für Zukunft und Passiv der Stamm, an den die Personen-Beugungsendungen noch angehängt werden müssen. Um das Gerundivum zu erhalten, streicht man vom Infinitiv die Endung -um und hängt -avya an. „…" bedeutet, dass diese Form nur mit einer Vorsilbe gebraucht wird. Ein Gedankenstrich zeigt an, dass es die betreffende Form nicht gibt. Der senkrechte Strich „|" zeigt die Stelle, an der die nachfolgende Endung angehängt werden muss.

Wurzel	Gegenwart	Zukunft	Passiv	Kausativ	Absolutiv	Infinitiv	Partizip
bandh (binden)	badhn|āti, -īte	bhandishya-	badhya-	bandhayati	ba|ddhvā, …-dhya	banddhum	baddha
bhāsh (sprechen)	bhāsha|ti, -te	*bhāshishya-*	bhāshya-	bhāshaya|ti, *-te*	*bhāsh|itvā*, …-ya	bhāshitum	bhāshita
bhū (sein)	bhava|ti, -te	bhavishya-	bhūya-	bhāvaya|ti, *-te*	bhūtvā, …-bhūya	bhavitum	bhūta
bhuj (essen)	bhun|akti, -kte	bhokshya-	bhujya-	bhojaya|ti, *-te*	bhuktvā	bhoktum	bhukta
dā (geben)	da|dāti, -tte	dāsya-	dīya-	dāpayati	dattvā, …dāya	dātum	datta
dah (brennen)	daha|ti, -te	dhakshya-	dahya-	dāhayati	dagdhvā, …dahya	dagdhum	dagdha
dish (zeigen)	disha|ti, -te	dekshya-	dishya-	deshaya|ti, *-te*	-, …dishya	deshtum	dishta
drish (sehen)	pashya|ti, -te	drakshya-	drishya-	darshaya|ti, -te	drish|tvā, …-ya	drashtum	drishta
gam (gehen)	gaccha|ti, -te	gamishya-	gamya-	gamaya|ti, -te	gatvā, …gamya	gantum	gata
grah (greifen)	grihn|āti, -īte	grahīshya-	grihya-	grāhaya|ti, -te	grih|ītvā, …-ya	grahītum	grihīta
ish (wünschen)	iccha|ti, -te	*eshishya-*	ishya-	*eshayati*	-, …ishya	eshtum	ishta
jnā (wissen)	jān|āti, -īte	jnāsya-	jnāya-	jnāpaya|ti, -te	jnā|tvā, …-ya	jnātum	jnāta
kam (lieben)	-	*kamishya-*	-	*kāmaya|ti, -te*	-	-	kānta
khyā (nennen)	khyāti	khyāsya-	khyāya-	khyāpaya|ti, -te	-, …khyāya	khyātum	khyāta

<table>
<tr><th>Wurzel</th><th>Gegenwart</th><th>Zukunft</th><th>Passiv</th><th>Kausativ</th><th>Absolutiv</th><th>Infinitiv</th><th>Partizip</th></tr>
<tr><td>kram (gehen)</td><td>krāmati, kramate</td><td>kramishya-</td><td>kramya-</td><td>kramayati</td><td>kram|itvā, ...-ya</td><td>kramitum</td><td>krānta</td></tr>
<tr><td>kri (machen)</td><td>karoti, kurute</td><td>karishya-</td><td>kriya-</td><td>kāraya|ti, -te</td><td>krit|vā, ...-ya</td><td>kartum</td><td>krita</td></tr>
<tr><td>krī (kaufen)</td><td>krīn|āti, -īte</td><td>kreshya-</td><td>krīya-</td><td>–</td><td>krīt|vā, ...-ya</td><td>kretum</td><td>krīta</td></tr>
<tr><td>ksham (verzeihen)</td><td>kshama|ti, -te</td><td>kshamishya-</td><td>kshamya-</td><td>kshamayati</td><td>–</td><td>kshantum</td><td>kshānta</td></tr>
<tr><td>labh (erhalten)</td><td>labha|ti, -te</td><td>lapsya-</td><td>labhya-</td><td>lambhaya|ti, -te</td><td>la|bdhvā, ...-bhya</td><td>labdhum</td><td>labdha</td></tr>
<tr><td>likh (schreiben)</td><td>likha|ti, -te</td><td>likhishya-</td><td>likhya-</td><td>lekhayati</td><td>likh|itvā, ...-ya</td><td>likhitum</td><td>likhita</td></tr>
<tr><td>man (denken)</td><td>manya|ti, -te</td><td>mansya-</td><td>manya-</td><td>mānaya|ti, -te</td><td>matvā, ...manya</td><td>mantum</td><td>mata</td></tr>
<tr><td>nī (führen)</td><td>naya|ti, -te</td><td>neshya-</td><td>nīya-</td><td>nāyaya|ti, -te</td><td>nītvā, ...nīya</td><td>netum</td><td>nīta</td></tr>
<tr><td>pā (trinken)</td><td>piba|ti, -te</td><td>pāsya-</td><td>pīya-</td><td>pāyaya|ti, -te</td><td>pītvā, ...pīya</td><td>pātum</td><td>pīta</td></tr>
<tr><td>pac (kochen)</td><td>paca|ti, -te</td><td>pakshya-</td><td>pacya-</td><td>pācaya|ti, -te</td><td>paktvā</td><td>–</td><td>–</td></tr>
<tr><td>prach (fragen)</td><td>priccha|ti, -te</td><td>prakshya-</td><td>prichya-</td><td>–</td><td>pri|shtvā, ...-chya</td><td>prashtum</td><td>prishta</td></tr>
<tr><td>sad (sitzen)</td><td>sīda|ti, -te</td><td>satsya-</td><td>sadya-</td><td>sādaya|ti, -te</td><td>–, ...sadya</td><td>sattum</td><td>sanna</td></tr>
<tr><td>shak (können)</td><td>shaknoti</td><td>shakshya-</td><td>shakya-</td><td>–</td><td>–</td><td>–</td><td>shakta</td></tr>
<tr><td>shru (hören)</td><td>shrin|oti, -ute</td><td>shroshya-</td><td>shrūya-</td><td>shrāvaya|ti, -te</td><td>shrut|vā, ...-ya</td><td>shrotum</td><td>shruta</td></tr>
<tr><td>smri (erinnern)</td><td>smara|ti, -te</td><td>smarishya-</td><td>smarya-</td><td>smāraya|ti, -te</td><td>smrit|vā, ...-ya</td><td>smartum</td><td>smrita</td></tr>
<tr><td>sprish (berühren)</td><td>sprisha|ti, -te</td><td>sprakshya-</td><td>sprishya-</td><td>sparshayati</td><td>sprish|tvā, ...-ya</td><td>sprashtum</td><td>sprishta</td></tr>
<tr><td>sthā (stehen)</td><td>tishtha|ti, -te</td><td>sthāsya-</td><td>sthīya-</td><td>sthāpaya|ti, -te</td><td>sthitvā, ...sthāya</td><td>sthātum</td><td>sthita</td></tr>
<tr><td>svap (schlafen)</td><td>svapa|ti, -te</td><td>svapsya-</td><td>supya-</td><td>svāpayati</td><td>suptvā, ...</td><td>svaptum</td><td>supta</td></tr>
<tr><td>tyaj (verlassen)</td><td>tyaja|ti, -te</td><td>tyajishya-</td><td>tyajya-</td><td>tyājayati</td><td>tyaktvā, ...tyajya</td><td>tyaktum</td><td>tyakta</td></tr>
<tr><td>vac (sagen)</td><td>vakti</td><td>vakshya-</td><td>ucya-</td><td>vācaya|ti, -te</td><td>uktvā, ...ucya</td><td>vaktum</td><td>ukta</td></tr>
<tr><td>vad (sagen)</td><td>vada|ti, -te</td><td>vadishya-</td><td>udya-</td><td>vādaya|ti, -te</td><td>uditvā, ...udya</td><td>vaditum</td><td>udita / vadita</td></tr>
<tr><td>vah (tragen)</td><td>vaha|ti, -te</td><td>vakshya-</td><td>uhya-</td><td>vāhaya|ti, -te</td><td>ūdhvā, ...uhya</td><td>vodhum</td><td>ūdha</td></tr>
<tr><td>vas (wohnen)</td><td>vasa|ti, -te</td><td>vatsya-</td><td>ushya-</td><td>vāsaya|ti, -te</td><td>ushtvā, ...ushya</td><td>vastum</td><td>ushita</td></tr>
<tr><td>vid (wissen)</td><td>vida|ti, -te</td><td>vetsya-</td><td>vidya-</td><td>vedaya|ti, -te</td><td>viditvā, –</td><td>veditum</td><td>vidita</td></tr>
<tr><td>vrit (drehen)</td><td>varta|ti, -te</td><td>vartsya-</td><td>–</td><td>vartaya|ti, -te</td><td>–, ...vritya</td><td>vartitum</td><td>vritta</td></tr>
</table>

Wörterliste Deutsch – Sanskrit

Bei den **Verben** *wird zunächst die Wurzel (eventuell mit Vorsilbe) angegeben, dann folgt die 3. Person Einzahl der Gegenwart, zunächst im Aktiv, dann im Medium (wenn es beide Formen gibt).* **Verben mit Vorsilbe** *werden meist so gebeugt wie die entsprechenden ohne Vorsilbe (Ausnahme:* ish, icchati *(wünschen),* anv-ish, anveshate *(suchen)). Bei* **Eigenschaftswörtern** *auf* -a *endet die weibliche Form meist auf* -ā. *Wenn sie auf* -ī *endet, wird das vermerkt. Bei Eigenschaftswörtern auf* -in *oder* -at *wird bei der weiblichen Form ein* -ī *angehängt.* **Hauptwörter** *werden in der Stammform angegeben. Auch wenn bei einem Hauptwort mehr als ein grammatisches Geschlecht möglich ist, wird nur eines angegeben.* **Hochgestellte Zahlen** *geben den Fall an, in dem ein Wort steht. In* **eckigen Klammern** *stehen manchmal zusätzliche, häufig gebrauchte Formen. Wenn 1. Fall und Stammform nebeneinandergestellt werden, ist die Stammform mit einer hochgestellten „0" markiert. Der* **senkrechte Strich** *ist ein Hilfsmittel, um die Wörterliste übersichtlich zu gestalten, z. B.:*

> **sundar|a** *(m/s),* **-ī** *(w)*
> *lies:* a *wird durch* ī *ersetzt*
> **balin** *(m/s),* **-ī** *(w)*
> *lies:* ī *wird angehängt*

Viele Wörter, die sich leicht unter den Kapitelüberschriften des Konversationsteils finden lassen, sind hier nicht noch einmal aufgeführt. Hauptwörter, deren Beugung in diesem Sprachführer nicht erläutert wird, sind nicht immer aufgenommen worden. Manchmal konnten Wörter mit gleicher Bedeutung gefunden werden, deren Beugung Sie in der Grammatik nachschlagen können.

A

abends sāyam
aber tu
Alkohol madya (s)
alle sarve (mMz) (*Beugung ähnlich wie* sah, sā, tat)
alles sarva
alt jīrna, vriddha, sthavira
Alter jarā (w)
Amt kāryālaya (m)
anderer, -e, -es anya, anyā, anyat
Anfang ādi (m)
angemessen ucita
angemessener Preis ucita-mūlya (s)
Angst bhaya (s)
annehmen prati-grah, pratigrihnāti
Antwort uttara (s)
anzeigen ā-vid, āvedayati (Kaus)

Apotheke aushadhālaya (m), bheshajāpana (m)
arm daridra
Arzt vaidya (m)
Ärztin vaidyī (w)
Askese tapas (s)
Atem prāna (m)
auch api
auf upari [+2/+4/+7]
Aufenthalt ādhishthāna (s)
aufhalten (sich) sthā, tishthati
Auge netra (s), nayana (s)
ausführlich savistara
Aussprache uccārana (s)
Auto-Rikscha svayam-prabhava-yāna (s)

B

Baden (auch religiös) snāna (s)
Badezimmer snāna-kakshā (w)
Bahnhof (virāma-)sthāna (s)
bald (sehr bald) acirāt
Bank artha-nidhi samsthā (w), nikshepāgāra (m)
Baum vriksha (m)
Bedauern anushaya (m)
Behandlung (ärztl.) cikitsā (w)
Bekanntmachung ghoshanā (w)
bekommen upa-labh, upalabhati
Benares Vārānasī
Benzin agni-taila (s)
Berg parvata (m)
Beruf vritti (w)
berühmt vishruta
berühren sprish, sprishati
Besitz artha (m)
besorgt udvigna
Bestandteil anga (s)
Besuch upasthāna (s)
betreffend gata *(am Ende eines zusammengesetzten Hauptwortes, wörtl. „gegangen")*
Bett paryanka (m)
Betteln bhikshā (w)
bewegen, etw. cal, cālayati (Kaus)
bitte! kripayā[5] *[von* kripā *„Mitleid"]*
bitten prārth, prārthayati [+4/7/Infintiv]
blind andha
Blitz vidyut (w)
Blut rakta (s)
Blüte pushpa (s)
böse pāpa, dushta
bravo! sādhu!
Brief patra (s)
Buch pustaka (m)
buddhistisch bauddh|a (m/s), -ī (w)
bunt (vi)citra
Büro kāryālaya (m)
Bus loka-yāna (s)

C

Cafeteria pānāpana (s)
Computer samganaka (s)

D

dankbar krita-jna
Dankbarkeit kārtajna (s)
danke! dhanya-vādāh
dann tadā
Delhi Dillī
denken (an) man, manyati, manyate
denn hi
Deutschland jarmanī (-desha) (m)
Dieb caura (m)
Diebstahl caurya (s)
Diener dāsa
Dienerin dāsī
dieser, diese, dieses ayam[1], iyam[1], idam[1], eshah, eshā, etat *(vgl.* sah, sā, tat*)*
Dorf grāma (m)
dort tatra

drehen vrit, vartati, vartate
du tvam[1], tvat[0]
Dunkelheit tamas (s)
Durchfall grahanī-roga (m)
Durst trishnā (w)

E

Ei anda (s)
eigen sva *(im zusammengesetzten Hauptwort)*
einige kecid[1] (mMz)
einmal sakrit
Einnahmen und Ausgaben āya-vyaya (m)
eintreten pra-vish, pravishati
Eisenbahn loha-patha (m), *(elektrisch:)* vidyuc-chakata (s)
Elefant gaja (m), hastin (m)
Elektrizität vidyut (w)
Ende anta (m)
englisch āngla
Entschuldigung! kshamyatām!
entzückend ramanīya
Erde bhū (w), prithivī (w)
Erdöl bhū-garbha-taila (s)
erfreut prīta
erinnern (sich) smri, smarati, smarate
Erinnerung smriti (w)
Erkältung jala-dosha (m)
Erklärung vivarana (s)
Erlösung mukti (w)
Erstaunen vismaya (m)
erster, -e, -es prathama
erzählen ā-khyā, ākhyāti; kath, kathayati
Erzählung kathā (w)
Essen bhojana (s)
essen bhuj, bhunakti, bhunkte
ewig nitya

F

fahren vah, vahati, vahate
Fahrer rathin
Fahrerin rathinī
Fahrkarte mūlya-patrikā (w)
Fahrrad dvi-cakra-yāna (s)
Fahrzeug vāhana (s); yāna (s)
falsch mithyā (ind)
Familie kula (s)
Farbe varna (m)
Fehler dosha (m)
fern dūra
Fernsehen dūra-darshana (s)
Fest utsava (m)
Feuer agni (m)
Fieber jvara (m)
Film (Kino) cala-citra (s)
Fisch matsya (m)
Fläche tala (m)
Fleisch māmsa (s)
Flirt utpatha-vritti (w)
Flugzeug vimāna (m)
Fluss nadī (w)
folgen anu-gam, anugacchati
Form (Gestalt) rūpa (s)
Foto āloka-lekhya (s), chāyā-citra (s)
Fotoapparat āloka-lekhya-yantra (s)
Fotograf rūpa-grāhin
Fotografieren rūpa-grahana (s)
Frage prashna (m)
fragen prach, pricchati, pricchate
Frau nārī (w)
Frau Vaidya shrīmatī-vaidya
Fräulein Vaidya sushrī-vaidya
Freude sammoda (m)
freuen: sich f. über abhi-nand, abhinandati
Freund mitra (s), sakhi (m)
Freundin sakhī (w)
freundlich hita
Freundschaft sakhya (s), preman (s)

Frieden shānti (w)
Frucht phala (s)
früher prāk, pūrvam
Frühling vasanta (m)
Frühstück prātar-āsha (m)
führen nī, nayati, nayate
Fuß pāda (m)
Fußgänger pāda-cārin (m)

G

ganz sarva
Garten udyāna (s)
Gast atithi (m)
Gastfreundschaft ātithya (s)
geben dā, dadāti, datte
Gebühr shulka (s)
Geburt janman (s), jāti (w)
Gedanke citta (s)
gegenseitig anyonya
Gegenwart vartamāna (s)
Gehalt vetana (s)
Geheimnis rahasya (s)
gehen gam, gacchati, gacchate
gehend gacchat (m/s), gacchantī (w)
gekommen āgata
Geld dhana (s), dravya (s)
Gelegenheit sthāna (s)
gelehrt pandita
geliebt kānta
genug alam (ind)
Geruch gandha (m)
Geschenk dāna (s)
Geschmack rasa (m)
Gesicht mukha (s)
gestern hyah
gestohlen corita
gesund kushalin (m/s), -ī (w)
Gesundheit ārogya (s)
Getränk pānīya (s)
Gewalt vasha (m)
Gewinn phala (s)
gib! dehi!
Gier lobha (m)
Gift visha (s)
gleich sama, tulya
Glück saubhāgya (s), sukha (s)
Gold suvarna (s)
Gott īshvara (m), deva (m)
Göttin devī (w)
groß mahat (m/s), -ī (w)
grüßen abhi-vad, abhivādayate (Kaus)

H

halb ardha
Hälfte ardha (s)
Hals kantha (m)
Hand hasta (m), kara (m)
Handel vānijya (s)
Handfläche tala
Handhaltung mudrā (w)
Hass dvesha (m)
häufig abhīkshna
Haus bhavana (s), griha (m/s)
Haut carman (s)
Held vīra (m), shūra (m)
helfen upa-kri, upakaroti
Herbst sharad (w)
Herr Vaidya shrī-vaidya, shrīmat-vaidya
Herz hridaya (s), citta (s)
heute adya, adhunā
hier(her) atra, iha
Hilfe upakriti (w)
Himmelsrichtung dish (w) [dishi[7]]
hinführen ā-nī, ānayati
hinterer pashcima
Hochzeit vivāha (m)
Hoffnung āshā (w)
holen ā-nī, ānayati
Hören shravana (s)
hören shru, shrinoti, shrinute
Hotel jagdhyāpana (m), upāhāra-griha (m)

I

ich aham[1], mat[0]
immer nityam, sadā
Indien Bhārata(varsha) (s), Bhārata(desha) (m)
Insel dvīpa (m)

insgesamt sarvashah

J

ja evam
Jahr abda (m), samvatsara (m), varsha (s)
jener (-e, -es) asau (m/w), adah (s)
jetzt adhunā, īdānīm
jung taruna
Junge bāla (m), kumāra (m)

K

Kaffee kāphī (w), pīyūsha (s)
Kalkutta Kalakattā
kalt shīta
Kaste varna (m) *(Großkaste)*, jāti (w)
kaufen krī, krīnāti, krīnīte
käuflich kretavya
Kaufmann vanij (m)
Kind bāla (m)
Kindergarten bālodyāna (s)
Kleidung vastra (s)
klein alpa
klug vidagdha
kochen pac, pacati, pacate
Koffer yāna-petikā (w)
kommen ā-gam, āgacchati
König indra (m), rājan (m), mahā-rājan (m)
können shak, shaknoti
Konsulat pradūtālaya (m), vaideshika-pratinidhi-kāryālaya (m)
Konzentration(sübung) yoga (m)
Kopf mūrdhan (m)
Kopfschmerzen shiro-vedanā (w)
Körper deha (m), sharīra (s)
Kostbarkeit ratna (s)
Kraft bala (s)
krank vyādhita, glāna
Krankenhaus cikitsā-shālā (w), roga-pratīkara-shālā (w)
Krankheit roga (m)
Kuh (Rind) go (m/w)
Kühlschrank prashītitra (s)
Kummer shoka (m)
Kunde grāhaka
Kundin grāhikā
Künstler shilpin (m)
kurz: für kurze Zeit muhūrtam iva

L

lächeln smi, smayati, smayate
Lächeln smita (s)
lachen has, hasati, hasate
Lampe dīpa (m)
Land desha (m)
lang dīrgha
lange: für l. Zeit ciram
langsam (U) shanaih
leben jīv, jīvati
Leben jīvana (s), *(langes)* āyuh (s)
Lebensenergie prāna (m)
lecker rucira
Lehrer adhyāpaka
Lehrer (Meister) guru (m)
Lehrerin adhyāpikā
Leid duhkha (s)
Leute jana (m Ez/Mz), loka (m Ez/Mz)
lieb priya
Liebe kāma (m), sneha (m)
lieben kam, kāmayate (Kaus), ut-kanth, utkanthate [+2]
linker uttara
Löwe simha (m)

M

machen kri, karoti, kurute
Mädchen kanyā (w)
manchmal kadācit
Mango āmra (m)
Mann nara (m), purusha (m)
Medikament aushadha (s)
Medizin (traditionell) āyur-veda (m)
Meer samudra (m)
mein madīya
Meinung mati (w)
Mensch manushya (m), purusha (m)
Merkmal lakshana (s)
Milch kshīra (s)
minderwertig apakrishta
Minute nimesha (m)
mit saha [+5], sa- *(Vorsilbe)*
Mitte madhya (s)
modern ādhunik|a (m/s), -ī (w)
Monat māsa (m)
Mond candra (m)
morgen shvah
morgens prātar (ind)
müde parishrānta
Mund mukha (s)
Museum samgrahālaya (m)
mutig shūra
Mutter mātri (w)

N

Nacht rātri (w)
nah samīpa
Nähe samīpa (s)
Name nāman (s)
namens nāma (ind)
nehmen grah, grihnāti, grihnīte
nein na
neu nava
Neu-Delhi Nava-Dillī
Neugier kutūhala (s)
nicht na, mā
nie na kadācit
nördlich uttara

O

Oberfläche tala (m)
oder vā
öffnen ud-ghat, udghātayati (Kaus)
oft bahushah
ohne vinā [+4/5]
Ohr karna (m)
Öl taila (s), sneha (m)
Ort sthāna (s), ālaya (m)
Österreich āstriyā (-desha) (m)
östlich pūrva

P

Paar dvaya (s)
Parlament samsāda (m)
Parlamentsgebäude samsāda-bhavana (s)
Pfeffer marīca (s)
Pferd ashva (m)
Polizeistation rakshi-bhavana (s)
Polizist rakshin (m)
Polizistin rakshinī (w)
Porto lekha-vāhana-mūlya (s)
Post patrāgāra (m)
Preis mūlya (s)

R

Rad cakra (s)
Radio ākāsha-vānī (w)
rechter dakshina
Reden vacana (s)
Regen varsha (m)
Regenzeit varsha (m)
Reis tandula (m)
Reisen pravasana (s)
Reisender yātrika
Reisende (wEz) yātrikā
Religion dharma (m)
Rest shesha (m)
richtig samyak (ind)
riechen ghrā, jighrati
ruhig shānta
Rupie rūpyaka (s)

S

Sache dravya (s), vishaya (m)
sagen vac, vakti; vad, vadati, vadate
Salz lavana (s)
Sanskrit samskrita (s)
Sari (Frauentracht) shātikā (w)
satt tripta
Schar gana (m)
Schatten chāyā (w)
Schirm (Regen-, Sonnen-) chattra (s)
schlafen svap, svapati, svapate
Schlüssel kuncikā (w)
Schmerz vedanā (w)
Schmuck(stück) bhūshana (s)
schnell shīghra
schön sundar|a (m/s), -ī (w)
Schönheit varna (m)
schreiben likh, likhati, likhate
Schule pātha-shālā (w)
Schweigen mauna (s)
Schweiz svit'zer'laind' (-desha) (m)
Seele ātman (m)
sehen drish, pashyati, pashyate
Sehenswürdigkeit darshanīya (s)
sein as, asti; bhū, bhavati, bhavate
Sekretär(in) kārya-darshin (m), kārya-darshinī (w)
Sekunde kalā (w)
Selbst ātman (m)
selbst svayam
Sie (Anrede) bhavat (m), bhavatī (w)
Sieg jaya (m)
siegen ji, jayati, jayate
Sinnesorgan indriya (s)
Sitz āsana (s)
so (am Ende der wörtl. Rede) iti
so evam
sofort sadyah
Sohn putra (m), suta (m)
sollen arh, arhati [+Infintiv]
Sommer grīshma (m)
Sonne sūrya (m), ravi (m)
später pashcāt
Speise anna (s)
Sprache bhāshā (w)
sprechen (eine Sprache) bhāsh, bhāshati, bhāshate; *(sagen)* vac, vakti; vad, vadati, vadate
Stadt nagara (s), pura (s)
stark balin (m/s), -ī (w)
Stau sammarda (m)
stehen sthā, tishthati, tishthate
Stern tārā (w)
still tushnīm (ind)
Stock danda (m)
Straße mārga (m)
Streit kalaha (m)
Stuhl āsanda (m)
Stunde vādana (s)
suchen anv-ish, anveshate
südlich dakshina
süß madhura

T

Tag ahan (s), dina (s)
täglich (U) pratidinam
Tat karman (s)
Tee cāya (s)
Teil bhāga (m)
Telefon dūra-bhāsha (m)
Tempel mandira (s)
teuer vyayādhika
Thema vishaya (m)
Tisch phalaka (s), utpīthikā (w)
Tochter duhitri (w)
Tod marana (s), kāla (m)
Toilette shaucāgāra (m)
Topf kumbha (m)
träumen svap, svapati, svapate
traurig udvigna, dīna
Trennung viraha (m)
trinken pā, pibati, pibate

tun kri, karoti, kurute
Tür dvāra (m)

U

über upari [+2/4/7]
übernachten rātrim vas, vasati
Überraschung āshcarya (s)
übersetzen bhāshāntarī-kri, -karoti
Uhr ghati-yantra (s)
Uhr: um zehn U. dasha-vādane
Uhrzeit velā (w)
Umtausch parivartana (s)
umtauschen pari-vrit, pari-vartayati (Kaus)
und ca
Universität vishva-vidyālaya (m)
Unterschied vishesha (m)
Unterschrift hastākshara (s)
Urin mūtra (s), prasrāva (m)
urinieren jalam vi-srij, visrijati, visrijate
Ursache kārana (s)
usw. ādi (m) *(am Ende eines zusammengesetzten Hauptworts)*

V

Vater pitri (m)
verbrennen tap, tapati, tapate
Vergangenheit atīta (s)
vergessen vi-smri, vismarati, vismarate
Vergnügen samtosha (m)
verkaufen vi-krī, vikrīnīte
Verkäufer vikrayika (m)
verkauft vikrīta
verlassen tyaj, tyajati, tyajate
verschieden nānā (ind), vividha
Verspätung kālātipāta (m)
verstehen ava-gam, avagacchati
verzeihen ksham, kshamati, kshamate
viel (U) bahu
viel bahu, prabhūta
viele bahavah[1] (mMz), prabhūtāh[1] (mMz)
Viertel pāda (m), turīya (s)
Vogel pakshin (m)
vor (örtl.) puratah [+2]
vor (örtl. u. zeitl.) purah [+2]
vorderer pūrva

W

Wagen ratha (m)
wahr satya
Wahrheit satya (s)
Wald aranya (s), vana (s)
Ware panya (s)
was? kim
Wasser jala (s), udaka (s)
weiß shukla
weit (groß) vishāla
Welt loka (m)
wenig alpa
wenn (als) yadi
wer? kah (m), kā (w)
werden bhū, bhavati, bhavate
westlich pashcima
wie iva
wie? katham
wieder punar
willkommen! svāgatam!
willkommen: herzlich w. ! su-svāgatam!
Wind vāyu (m)
Winter hemanta (m)
wir vayam[1], asmat[0]
wissen jnā, jānāti, jānīte; vid, vidati, vidate
wo? kva
Woche saptāhan (s)
woher? kutah
wohnen vas, vasati, vasate
Wolke megha (m)

Wort shabda (m)
wozu? kim-artham
Wunsch kāma (m), abhyarthanā (w), vara (m)
wünschen ish, icchati, icchate

Z

zeichnen likh, likhati, likhate
zeigen dish, dishati, dishate
Zeit kāla (m)
Zimmer kaksha (m)
Zorn krodha (m)
Zucker sharakarā (w)
Zug loha-patha-gāminī (w)
Zukunft anāgata (s)
Zweck artha (m)

Wörterliste Sanskrit – Deutsch

In diese Liste wurden auch besonders wichtige Begriffe der Sanskrit-Kultur (vor allem aus dem Bereich der Religion) aufgenommen sowie einige Wörter, die im Grammatikteil nicht eigens erläutert wurden.

A / Ā

abda (m) Jahr
abhīkshna häufig
abhi-nand, abhinandati freuen, sich freuen (über)
abhi-vad, abhivādayate (Kaus) grüßen
abhyarthanā (w) Wunsch
acirāt bald, sehr bald
adhishthāna (s) Aufenthalt
adhunā heute, jetzt
ādhunik|a (m/s), -ī (w) modern
adhyāpaka Lehrer
adhyāpikā Lehrerin
ādi (m) Anfang; und so weiter *(am Ende eines zusammengesetzten Hauptworts)*
adya heute
ā-gam, āgacchati kommen
āgata gekommen
agni (m) Feuer
agni-taila (s) Benzin
aham[1] ich
ahan (s) Tag
ākāsha-vānī (w) Radio
ā-khyā, ākhyāti erzählen
alam (ind) genug
ālaya (m) Ort
āloka-lekhya (s) Foto
āloka-lekhya-yantra (s) Fotoapparat
alpa klein, wenig
āmra (m) Mango
anāgata (s) Zukunft
anda (s) Ei
andha blind
anga (s) Bestandteil
āngla englisch
ā-nī, ānayati hinführen, holen
anjali (w) Grußgeste
anna (s) Speise
anta (m) Ende
anu-gam, anugacchati folgen
anushaya (m) Bedauern
anv-ish, anveshate suchen

anya, anyā, anyat anderer, -e, -es
anyonya gegenseitig
apakrishta minderwertig
api auch
aranya (s) Wald
ardha (s) Hälfte
ardha halb
arh, arhati [+Inf] sollen
ārogya (s) Gesundheit
artha (m) Besitz; Zweck
artha-nidhi-samsthā (w) Bank
as, asti sein
āsana (s) Sitz
āsanda (m) Stuhl
asau (m/w), adah (s) jener, -e, -es
āshā (w) Hoffnung
āshcarya (s) Überraschung
ashva (m) Pferd
asmat⁰ wir
āstriyā(-desha) (m) Österreich
atīta (s) Vergangenheit
atithi (m) Gast
ātithya (s) Gastfreundschaft
ātman (m) Selbst, Seele, Weltseele
atra hier(her)
aushadha (s) Medikament
aushadhālaya (m) Apotheke
ava-gam, avagacchati verstehen
ā-vid, āvedayati (Kaus) anzeigen
ayam[1] (m) dieser
āya-vyaya (m) Einnahmen und Ausgaben
āyuh (s) (langes) Leben
āyur-veda (m) traditionelle indische Medizin, *(„langes-Leben-Wissen“)*

B

bahu (U) viel
bahu [bahavah[1] (mMz)] viel
bahushah oft
bala (s) Kraft
bāla (m) Junge, Kind
balin (m/s), -ī (w) stark
bālodyāna (s) Kindergarten
bauddh|a (m/s), -ī (w) buddhistisch
bhāga (m) Teil
bhagavat (m) [bhagavan[8]] Erhabener, oft Bezeichn. f.Gott
Bhagavad-gītā (w) heiliges Buch der Hindus *(„Erhabener-Gesang“)*
Bhārata (m) Indien
Bhārata-desha (m) Indien
Bhārata-varsha (s) Indien
bhāsh, bhāshati, bhāshate sprechen (eine Sprache)
bhāshā (w) Sprache
bhāshāntarī-kri, -karoti übersetzen
bhavana (s) Haus
bhavat (m) Sie (Anrede an einen Mann)
bhavatī (w) Sie (Anrede an eine Frau)
bhaya (s) Angst
bheshajāpana (m) Apotheke
bhikshā (w) Betteln
bhikshu (m) (Bettel-)Mönch
bhikshunī (w) (Bettel-)Nonne
bhojana (s) Essen
bhū (w) Erde
bhū, bhavati, bhavate sein, werden
bhū-garbha-taila (s) Erdöl
bhuj, bhunakti, bhunkte essen
bhūshana (s) Schmuck(stück)
brahman (s) *etwa:* das grundlegende Weltprinzip
brāhmana (m) Brahmane (1. Großkaste)

Wörterliste Sanskrit – Deutsch

Buddha (m) Buddha („*Erwachter*“)

C

ca und
cakra (s) Rad, Wirbel, 6 oder 7 „Zentren“ im menschlichen Körper
cal, cālayati (Kaus) etw. bewegen
cala-citra (s) Film (Kino)
candāla (m) Angehöriger einer verachteten Kaste
candra (m) Mond
carman (s) Haut
caura (m) Dieb
caurya (s) Diebstahl
cāya (s) Tee
chattra (s) (Regen-, Sonnen-)Schirm
chāyā (w) Schatten
chāyā-citra (s) Foto
cikitsā (w) Behandlung (ärztl.)
cikitsā-shālā (w) Krankenhaus
ciram lange, für lange Zeit
citra bunt
citta (s) Gedanke; Herz
corita gestohlen

D

dā, dadāti, datte geben
dakshina rechter; südlich
dāna (s) Geschenk
danda (m) Stock
daridra arm
darshana (s) Sehen, Anschauung, Philosophie, Audienz (z. B. bei eiem berühmten Lehrer)
darshanīya (s) Sehenswürdigkeit
dāsa Diener
dasha-vādane um zehn Uhr
dāsī Dienerin
deha (m) Körper
dehi! (zu **dā, dadāti, datte)** gib!
desha (m) Land
deva (m) Gott (auch Anrede für Fürsten)
devī (w) Göttin (auch Anrede für Fürstinnen)
dhana (s) Geld
dhanya-vādāh danke!
dharma (m) Religion
Dillī Delhi
dina (s) Tag
dīna traurig
dīpa (m) Lampe
dīrgha lang
dish (w) [dishi[7]] Himmelsrichtung
dish, dishati, dishate zeigen
dishtyā Gott sei Dank!
dosha (m) Fehler
dravya (s) Geld, Sache
drish, pashyati, pashyate sehen
duhitri (w) Tochter
duhkha (s) Leid
dundubhi (w) eine bestimmte Trommel
dūra fern
dūra-bhāsha (m) Telefon
dūra-darshana (s) Fernsehen
Durgā Name einer bedeutenden Göttin
dushta böse
Dushyanta Name eines Königs, Geliebter der Shakuntalā
dvāra (m) Tür
dvaya (s) Paar
dvesha (m) Hass
dvi-cakra-yāna (s) Fahrrad
dvīpa (m) Insel

E

eshah, eshā, etat dieser (-e, -es)
evam ja; so

G

gaja (m) Elefant
gam, gacchati, gacchate gehen
gana (m) Schar
gandha (m) Geruch
gandharva-vivāha (m) Eheschließung nach Art der Gandharven (Himmelsmusikanten), etwa: Liebesheirat
Ganesha Name eines wichtigen Gottes *(„Schar(-en)-Herr")*
gata betreffend (am Ende eines zusammengesetzten Hauptwortes, *wörtl.: „gegangen")*
ghati-yantra (s) Uhr
ghoshanā (w) Bekanntmachung
ghrā, jighrati riechen
glāna krank
go (m/w) (Rind) Kuh
grah, grihnāti, grihnīte nehmen
grāhaka Kunde
grahanī-roga (m) Durchfall
grāhikā Kundin
grāma (m) Dorf
griha (m/s) Haus
grīshma (m) Sommer
guru (m) Lehrer, Meister

H

Hari Beiname des Gottes Vishnu
has, hasati, hasate lachen
hasta (m) Hand
hastākshara (s) Unterschrift
hastin (m) Elefant
hemanta (m) Winter
hi denn
hita freundlich
hridaya (s) Herz
hyah gestern

I / Ī

idam[1] (s) dieses
īdānīm jetzt
iha hier(her)
indra (m) König, Name eines Gottes aus vedischer Zeit
indriya (s) Sinnesorgan
ish, icchati, icchate wünschen
īshvara (m) göttlicher Herrscher, Gott

iti so (am Ende der wörtl. Rede)
iva wie
iyam[1] (wEz) diese

J

jagdhyāpana (m) Hotel
jala (s) Wasser
jala-dosha (m) Erkältung
jalam vi-srij, visrijati, visrijate urinieren
jana (m Ez/Mz) Leute
janman (s) Geburt
jarā (w) Alter
jarmanī(-desha) (m) Deutschland
jāti (w) Kaste, oft auch Berufsgruppe; Geburt
jaya (m) Sieg
Jayapura Jaipur
ji, jayati, jayate siegen
Jina (m) Titel eines Religionsstifters *(„Sieger")*
jīrna alt
jīv, jīvati leben
jīvana (s) Leben
jnā, jānāti, jānīte wissen
jvara (m) Fieber

K

kā (w) wer?
kadācit manchmal
kah (m) wer?
kaksha (m) Zimmer
kalā (w) Sekunde
kāla (m) Tod; Zeit
kalaha (m) Streit

Wörterliste Sanskrit – Deutsch

Kalakattā Kalkutta
kālātipāta (m) Verspätung
Kālī Name einer bedeutenden Göttin
kam, kāmayate (Kaus) lieben
kāma (m) Liebe, Wunsch
Kāma-sūtra Lehrbuch der Liebeskunst *(„Liebe-Leitfaden")*
kānta geliebt
kantha (m) Hals
kanyā (w) Mädchen
kāphī (w) Kaffee
kara (m) Hand
kārana (s) Ursache
karman (s) Tat, (Religion:) Gesetz der Wiedervergeltung der Taten
karna (m) Ohr
kārtajna (s) Dankbarkeit
kārya-darshin (m) Sekretär
kārya-darshinī (w) Sekretärin
kāryālaya (m) Amt, Büro
kath, kathayati erzählen
kathā (w) Erzählung
katham wie?
kecid[1] (mMz) einige
kim was?
kim-artham wozu?
kretavya käuflich
kri, karoti, kurute machen, tun
krī, krīnāti, krīnīte kaufen
kripayā[5] [von kripā „Mitleid"] bitte!
Krishna Name eines Gottes
krita-jna dankbar
krodha (m) Zorn
ksham, kshamati, kshamate verzeihen
kshamyatām! Entschuldigung!
kshatriya Adliger (2. Großkaste)
kshīra (s) Milch
kula (s) Familie
kumāra (m) Junge
kumbha (m) Topf
kuncikā (w) Schlüssel
kushalin (m/s), -ī (w) gesund
kutah woher?
kutūhala (s) Neugier
kva wo?

L

lakshana (s) Merkmal
lavana (s) Salz
lekha-vāhana-mūlya (s) Porto
likh, likhati, likhate schreiben, zeichnen
lobha (m) Gier
loha-patha (m) Eisenbahn
loha-patha-gāminī (w) Zug
loka (m) Welt; (m Ez/Mz) Leute
loka-yāna (s) Bus

M

mā nicht
madhura süß
madhya (s) Mitte
madīya mein
madya (s) Alkohol
Mahā-bhārata indisches Nationalepos *(„Groß-Indien")*
mahā-rājan (m) König
mahat (m/s), -ī (w) groß
māmsa (s) Fleisch
man, manyati, manyate denken (an)
mandala (s) Kreis, Scheibe, Andachtsbild
mandira (s) Tempel
mantra (s) (heiliger) Spruch
manushya (m) Mensch
marana (s) Tod
mārga (m) Straße
marīca (s) Pfeffer
māsa (m) Monat
mat[0] ich
mati (w) Meinung

mātri (w) Mutter
matsya (m) Fisch
mauna (s) Schweigen
māyā (w) Täuschung
megha (m) Wolke
mithyā (ind) falsch
mitra (s) Freund
mudrā (w) Geste, Handhaltung
muhūrtam iva kurz, für kurze Zeit
mukha (s) Gesicht, Mund
mukti (w) Erlösung
mūlya (s) Preis
mūlya-patrikā (w) Fahrkarte
mūrdhan (m) Kopf
mūtra (s) Urin

N

na nein, nicht
na kadācit nie
nadī (w) Fluss
nagara (s) Stadt
nāma (ind) namens
nāman (s) Name
Namas te! Sei gegrüßt!
Namo vah! Seid gegrüßt!
nānā (ind) verschieden
nara (m) Mann
nārī (w) Frau
nata-rājā[1] **(m)** **[nata-rājan**[0]**]** Beiname Shivas *(„Tänzer-König")*
nava neu
Nava-Dillī Neu-Delhi
nayana (s) Auge
netra (s) Auge
nī, nayati, nayate führen
nikshepāgāra (m) Bank
nimesha (m) Minute
nishanna niedergesetzt, hingesetzt
nitya ewig
nityam immer

O

om heilige Silbe seit der Zeit der Veden

P

pā, pibati, pibate trinken
pac, pacati, pacate kochen
pāda (m) Fuß; Viertel
pāda-cārin (m) Fußgänger
pakshin (m) Vogel
pānāpana (s) Cafeteria
pandita gelehrt
pānīya (s) Getränk
panthānah[1] **(mMz) [path (mEz)]** Wege
panya (s) Ware
pāpa böse
parishrānta müde
parivartana (s) Umtausch
pari-vrit, pari-vartayati (Kaus) umtauschen
parvata (m) Berg
paryanka (m) Bett
pashcāt später
pashcima hinterer; westlich
pātha-shālā (w) Schule
patra (s) Brief
patrāgāra (m) Post
phala (s) Frucht; Gewinn
phalaka (s) Tisch
pitri (m) Vater
pīyūsha (s) Kaffee
prabhūta viel
prach, pricchati, pricchate fragen
pradakshinā (w) Umschreiten einer Götterstatue *(im Uhrzeigersinn, mit der Schulter nach rechts)*
pradūtālaya (m) Konsulat
prāk früher
prāna (m) Atem, Lebensenergie
prānjali (w) Grußgeste
prārth, prārthayati [+4/7/Infinitiv] bitten
prashītitra (s) Kühlschrank
prashna (m) Frage

Wörterliste Sanskrit – Deutsch

prasrāva (m) Urin
prātar (ind) morgens
prātar-āsha (m) Frühstück
prathama erster (-e, -es)
pratidinam täglich (U)
prati-grah, pratigrihnāti annehmen, entgegennehmen
pravasana (s) Reisen
pra-vish, pravishati eintreten
preman (s) Freundschaft
prīta erfreut
prithivī (w) Erde
priya lieb
pūjā (w) Andacht, Verehrungszeremonie
punar wieder
pura (s) Stadt
purah [+2] vor (örtl. / zeitl.)
puratah [+2] vor (örtl.)
purusha (m) Mann, Mensch
pūrva östlich; vorderer
pūrvam früher
pushpa (s) Blüte
pustaka (m) Buch
putra (m) Sohn

R

Rādhā Geliebte des Gottes Krishna
rahasya (s) Geheimnis
rājan (m) König
rakshi-bhavana (s) Polizeistation
rakshin (m) Polizist
rakshinī (w) Polizistin
rakta (s) Blut
Rāma menschliche Verkörperung des Gottes Vishnu
ramanīya entzückend
rasa (m) Geschmack
ratha (m) Wagen
rathin Fahrer
rathinī Fahrerin
ratna (s) Kostbarkeit
rātri (w) Nacht
rātrim vas, vasati übernachten
ravi (m) Sonne
roga (m) Krankheit
roga-pratīkara-shālā (w) Krankenhaus
rucira lecker
rūpa (s) Form (Gestalt)
rūpa-grahana (s) Fotografieren
rūpa-grāhin Fotograf
rūpyaka (s) Rupie

S

sa- (Vorsilbe) mit
sadā immer
sādhu (m) heiliger Mann
sādhu! bravo!
sadyah sofort
saha [+5] mit
sakhi (m) Freund
sakhī (w) Freundin
sakhya (s) Freundschaft
sakrit einmal
sama gleich
samganaka (s) Computer
samgrahālaya (m) Museum
samīpa nah
samīpa (s) Nähe
sammarda (m) Stau
sammoda (m) Freude
samsāda (m) Parlament
samsāda-bhavana (s) Parlamentsgebäude
samsāra (m) Geburtenkreislauf
samskrita (s) Sanskrit
samtosha (m) Vergnügen
samudra (m) Meer
samvatsara (m) Jahr
samyak (ind) richtig
sangha (m) (buddhist.) Orden
saptāhan (s) Woche
sarva ganz, alle

sarvashah insgesamt
sarve (mMz) alles
satya wahr
satya (s) Wahrheit
saubhāgya (s) Glück
savistara ausführlich
sāyam abends
Siddhārtha Name des Buddha (*„vollendet-Ziel"*)
simha (m) Löwe
Sītā Name der Ehefrau des Rāma
shabda (m) Wort
shak, shaknoti können
Shakuntalā Heldin des bekanntesten indischen Dramas
shanaih langsam (U)
Shan-mukha (m) Name des Gottes Skanda (*„Sechs-Gesicht"*)
shānta ruhig
shānti (w) Frieden
sharad (w) Herbst
sharakarā (w) Zucker
sharīra (s) Körper
shāstra (s) Anleitung, Lehrbuch
shātikā (w) Sari (Frauentracht)
shaucāgāra (m) Toilette
shosha (m) Rest
shīghra schnell
shilpin (m) Künstler
shiro-vedanā (w) Kopfschmerzen
shīta kalt
Shiva Name eines bedeutenden Gottes (*„gesegnet"*)
Shiva-linga (s) dem Shiva heiliges Phallus-Symbol
shoka (m) Kummer
shravana (s) Hören
Shrī (w) Segen; Name einer Göttin, wird auch bei der Anrede vor den Namen gestellt
shrīmatī-vaidya Frau Vaidya
shrīmat-vaidya Herr Vaidya
shrī-vaidya Herr Vaidya
shru, shrinoti, shrinute hören
shukla weiß
shulka (s) Gebühr
shūra mutig
shūra (m) Held
shvah morgen
Skanda indischer Gott
smi, smayati, smayate lächeln
smita (s) Lächeln
smri, smarati, smarate sich erinnern
smriti (w) Erinnerung
snāna (s) Baden *(auch religiös)*
snāna-kakshā (w) Badezimmer
sneha (m) Liebe; Öl
sprish, sprishati berühren
sthā, tishthati stehen, sich aufhalten
sthāna (s) Ort, Gelegenheit, Bahnhof
sthavira alt
sukha (s) Glück
sundar|a (m/s), -ī (w) schön
sūrya (m) Sonne
sushrī-vaidya Fräulein Vaidya
su-svāgatam! herzlich willkommen!
suta (m) Sohn
suvarna (s) Gold
sva (im zusammengesetzten Hauptwort) eigen
svāgatam! willkommen!
svap, svapati, svapate schlafen, träumen
svayam selbst
svayam-prabhava-yāna (s) Auto-Rikscha
svit'zer'laind'(-desha) (m) Schweiz

Wörterliste Sanskrit – Deutsch

T

tadā dann
taila (s) Öl
tala (m) Fläche, Oberfläche, Handfläche
tamas (s) Dunkelheit
tāmbūla (s) zum Kauen zubereitetes Betelpäckchen
tandula (m) Reis
tap, tapati, tapate verbrennen
tapas (s) Askese
tārā (w) Stern
taruna jung
tatra dort
Thakkura Tagore, ursprünglich ein Ehrentitel, der an den Namen angehängt wurde
tripta satt
trishnā (w) Durst
tu aber
tulya gleich
turīya (s) Viertel
tushnīm (ind) still
tvam[1] du
tvat[0] du
tyaj, tyajati, tyajate verlassen

U

uccārana (s) Aussprache
ucita angemessen
ucita-mūlya (s) angemessener Preis
udaka (s) Wasser
ud-ghat, udghātayati (Kaus) öffnen
udvigna besorgt, traurig
udyāna (s) Garten
upāhāra-griha (m) Hotel
upa-kri, upakaroti helfen
upakriti (w) Hilfe
upa-labh, upalabhati bekommen
upari [+2/4/7] auf, über
upasthāna (s) Besuch
ut-kanth, utkanthate [+2] lieben
utpatha-vritti (w) Flirt
utpīthikā (w) Tisch
utsava (m) Fest
uttara (s) Antwort
uttara linker; nördlich

V

vā oder
vac, vakti sagen
vacana (s) Reden
vad, vadati, vadate sagen
vādana (s) Stunde
vah, vahati, vahate fahren
vāhana (s) Fahrzeug
vaideshika-pratinidhi-kāryālaya (m) Konsulat
vaidya (m) Ärztin
vaidyī (w) Ärztin
vana (s) Wald
vanij (m) Kaufmann
vānijya (s) Handel
vara (m) Wunsch
Vārānasī Benares
vardhitavat (Partizip) zum Wachsen gebracht habend
varna (m) Farbe; Großkaste; Schönheit
varsha (m) Regen, Regenzeit
varsha (s) Jahr
vartamāna (s) Gegenwart
vas, vasati, vasate wohnen
vasanta (m) Frühling
vasha (m) Gewalt
vastra (s) Kleidung

Vāsudeva Beiname des Gottes Vishnu
vayam[1] wir
vāyu (m) Wind
vedanā (w) Schmerz
velā (w) Uhrzeit
vetana (s) Gehalt
vicintayat (m/s), vicintayantī (w) (Partizip) denkend an
vicitra bunt
vid, vidati, vidate wissen
vidagdha klug
vidyuc-chakata (s) elektrische Eisenbahn
vidyut (w) Blitz, Elektrizität
vikrayika (m) Verkäufer
vi-krī, vikrīnīte verkaufen
vikrīta verkauft
vimāna (m) Flugzeug
vinā [+4/5] ohne
vīra (m) Held
viraha (m) Trennung
virāma-sthāna (s) Bahnhof
visha (s) Gift
vishāla weit (groß)
vishaya (m) Sache, Thema
vishesha (m) Unterschied
Vishnu Name eines bedeutenden Gottes
vishruta berühmt
vishva-vidyālaya (m) Universität
vismaya (m) Erstaunen
vi-smri, vismarati, vismarate vergessen
vivāha (m) Hochzeit
vivarana (s) Erklärung
vividha verschieden
vrata (s) Gelübde
vriddha alt
vriksha (m) Baum
vrit, vartati, vartate drehen
vritti (w) Beruf
vyādhita krank
vyayādhika teuer

Y

yadi wenn, als
yāna (s) Fahrzeug
yāna-petikā (w) Koffer
yātrika Reisender
yātrikā Reisende (w)
yoga (m) Konzentration, Konzentrationsübung

Die Autorin

Claudia Weber, geboren 1961 in Berlin, hat in Berlin, Uppsala (Schweden) und Bonn studiert. Sie hat sich mit Vergleichender Religionswissenschaft, Indischen Sprachen und Vor- und Frühgeschichte beschäftigt. Seit einiger Zeit konzentriert sie sich auf den frühen Buddhismus und vor allem auf seine Quellen in indischen Sprachen (daher die vielen Beispiele im vorliegenden Kauderwelsch-Sprachführer zu diesem Thema!). Nach über zwanzigjährigem Umgang mit Sanskrit-Texten ist sie der Auffassung: Man „kann" Sanskrit nie richtig, sondern lernt immer wieder Neues dazu. Frau Weber lebt als freie Autorin bei Münster.

Ein herzliches Dankeschön sagt die Autorin allen ihren Helfern: die Literaturtipps gaben, nämlich Jürgen Hanneder, Philipp Maas und Peter Wyzlic, außerdem Elke Hahlbohm-Helmus für die Vermittlung von Kontakten und schließlich der Lektorin Claudia Schmidt für die engagierte Zusammenarbeit.